PERSONAS TÓXICAS

Obra editada en colaboración con Editorial Planeta – España

Bajo el sello editorial ZENITH M.R.
Avenida Presidente Masarik núm. 111,
Piso 2, Polanco V Sección, Miguel Hidalgo
C.P. 11560, Ciudad de México
www.planetadelibros.com.mx

Primera edición impresa en España: abril de 2022
ISBN: 978-84-08-25501-7

Primera edición impresa en México: marzo de 2023
ISBN: 978-607-07-9736-1

Los nombres y los rasgos característicos de las personas que aparecen en este libro se han modificado para proteger su privacidad.

Impreso en los talleres de Impregráfica Digital, S.A. de C.V.
Av. Coyoacán 100-D, Valle Norte, Benito uárez
Ciudad De Mexico, C.P. 03103
Impreso en México –*Printed in Mexico*

DE LA AUTORA DE *A SOLAS*

SILVIA CONGOST

PERSONAS TÓXICAS

Cómo identificarlas y liberarte de los narcisistas para siempre

zenith

Quiero dedicar este libro aquellos a los que,
para que descubran la inmensidad de su grandeza,
la vida ha decidido que debían transitar el arduo
camino de lidiar con personas tóxicas.

Sin duda es un camino complejo y doloroso,
que nos pone a prueba y en el que a veces cuesta
un mundo mantenerse en pie...

Pero si lo conseguimos, si logramos seguir erguidos,
aferrándonos al amor y en contacto con la realidad,
descubriremos que la vida es buena, que siempre
está de nuestro lado y que su mayor cometido es que
jamás olvidemos nuestra auténtica verdad.

SUMARIO

INTRODUCCIÓN

Hace unos días nos reunimos en unos viñedos del Ampurdán con dos amigas, Ana y Iolanda. Me explicaron que estaban ubicados en un lugar muy especial porque Marta, la persona que los cuidaba y se responsabilizaba de obtener de ellos el mejor vino, era también alguien especial, además de vivir con verdadera pasión su trabajo y de ser una mujer con muchísimo talento.

Ciertamente, ese lugar desprendía magia. Parecía que cada cepa tenía vida propia y te contaba historias sobre su pasado y su lucha por sobrevivir. Parecía que esas cepas querían ser escuchadas para que fuéramos más capaces de entender el porqué de los frutos que producían, esos vinos que poco a poco saboreábamos, contagiadas por todo lo que nos transmitía su voz interior.

Me explicaron algo que fue, para mí, tan inspirador como revelador. Cuando tú conoces la historia de un viñedo, cuando conoces lo que han vivido esas cepas, si han sufrido, si han tenido que luchar para seguir con vida, si han sido agredidas por el clima o por la fauna... es cuando mejor puedes comprender por qué el vino que han producido es como es. Esos matices y características que lo hacen único vienen de cada una de las cicatrices que ese vino lleva en la mochila de su historia. Y por eso a ellas no les gusta juzgar un vino sin saber todo lo que lleva escrito hasta ahí, todo lo que ha vivido, todo lo que ha sufrido hasta el momento de ser compartido y degustado.

Y digo que fue una experiencia muy inspiradora porque, como ya sabes, yo siempre estoy pensando y analizando las relaciones humanas, y me di cuenta de que eso era una preciosa metáfora de lo que nos ocurre a las personas.

Cada uno tenemos una personalidad determinada, fruto de todo lo que hemos vivido hasta el momento. Fruto de cada golpe, de cada revés, de cada cambio inesperado y doloroso, de cada pérdida, de cada herida, de cada sorpresa o de cada facilidad... Todo nos moldea y nos construye, poco a poco, y nos convierte en quienes somos hoy.

Y esto es algo que, de tenerlo claro, nos ayudaría (igual que hacen ellas con los vinos) a no juzgar con tanta facilidad a los demás. Si conociéramos la historia de cada persona, las agresiones que ha sufrido, las guerras internas vividas y las travesías emocionales por las que ha tenido que pasar, tal vez nos lo pensaríamos dos veces antes de opinar.

Eso nos ayudaría a conectar con la compasión, que para mí es uno de los regalos más grandes que se nos ha dado a los seres humanos. No todos somos capaces de cultivarla o de conectar con ella, pero al conseguirlo, los vínculos que creamos con los demás son mucho más profundos y verdaderos.

Ahora bien, cuando hablamos de compasión debemos tener cuidado con un aspecto, porque, de confundirnos, el precio que acabaremos pagando puede ser elevadísimo o incluso imposible de liquidar. Me refiero a cuando esas heridas, abusos, carencias o agresiones que uno ha vivido en su pasado, le han creado unas cicatrices que lo convierten en una persona terrible e irreversiblemente dañada. Cuando esos golpes lo convierten en una persona tóxica. En una persona que va a hacer daño a los demás porque está torcida y no hay forma humana ni posible de enderezarla. En alguien que, de caer en sus redes, nos puede acabar destruyendo por completo, hasta el punto de que sintamos que no queremos seguir viviendo. Y todo sin ni siquiera verlo venir.

Hay personas, muchas, que debido a los daños sufridos se convierten en seres muy peligrosos para los demás. Y en estos casos, conectar con la compasión puede perjudicarnos más que otra cosa. Son situaciones en las que deberías quedarte solo con la empatía de tratar de entender por qué esa persona es como es. Eso está bien. Querer comprender qué ha vivido para convertirse en quien es hoy te ayuda a entender mejor el porqué. Pero no debes olvidar que estamos hablando de personas que son tóxicas y, por lo tanto, si te acercas demasiado a ellas, te puedes intoxicar. Y eso, aunque al principio no lo parezca, puede llegar a ser muy muy peligroso.

Con las personas tóxicas no hay que pasar de la empatía. Además, cabe tener muy presente que, una vez identificadas, hay que alejarse de inmediato y salir corriendo de esa relación (sea del tipo que sea). Si, por el contrario, cometes el error de conectar con la compasión, con la pena, con las ganas de ayudarla o con el deseo de ser tú quien logre que se dé cuenta del daño que está causando a los demás, de que trata mal y va a quedarse solo o sola si no cambia... Si en algún momento fantaseas con la idea de que este es tu cometido y tú vas a conseguirlo, saldrás perjudicado sí o sí.

Creo que lo más importante es tener la capacidad de entender e identificar de qué hablamos cuando nos referimos a personas tóxicas para así poder detectarlas lo antes posible y tener muy claro que, ante ellas, el único camino es huir. Lo antes posible. Y como siempre digo, sin mirar atrás.

¿Por qué he escrito este libro?

En esta ocasión, y en este libro, quiero hablarte de tus relaciones con los demás. Quiero profundizar en la importancia de elegir bien a aquellas personas con las que te relacionas, a aquellas con las que pasas más tiempo y que, por lo tanto, más interfieren en tu bienestar o, de ser dañinas, en tu malestar.

En este libro quiero hablarte de las personas que son tóxicas para ti. Aquellas personas que, las hayas elegido o no, cuando las tienes cerca o te relacionas con ellas, te generan tristeza, angustia, obsesiones o inseguridad. Aquellas personas que te hacen sentir poca cosa, que te llevan a conductas o decisiones que tal vez no quieres o no te apetecen, que no van con tus valores, que te hacen sentir que pierdes tu dignidad o que, directamente, destruyen tu autoestima de un plumazo.

Hasta ahora, en mis nueve libros publicados he hablado de temas como las relaciones de pareja con dependencia emocional (*Cuando amar demasiado es depender*, Zenith), los diferentes tipos de relaciones de pareja que no funcionan (*Si duele, no es amor*, Zenith) o la relación con uno mismo (*Autoestima automática* o *A solas*, Zenith), entre otros. En esta ocasión quiero centrarme en las relaciones tóxicas con personas que son tóxicas para ti. Sí, sí, porque las personas tóxicas sí existen. Te lo explicaré más adelante.

Hace ya mucho tiempo que siento el deseo de profundizar en este tema. Sabemos que por ser seres sociales, los humanos necesitamos relacionarnos con los demás y que nuestras relaciones interpersonales son la base y el ingrediente esencial de nuestra existencia. Por ello, cómo nos vinculemos y cómo sean estas relaciones será algo que interferirá de forma directa en la calidad de nuestra vida, en el modo en que nos trataremos a nosotros mismos y en si sentiremos que nuestros días tienen un verdadero significado y nos aportan ilusión, disfrute y vitalidad, o si vivimos una experiencia dura y destructiva que solo nos llena de sufrimiento, tristeza y frustración.

La vida es un soplo. Pasa muy deprisa y solo tenemos una oportunidad para vivirla. Mi mayor deseo es ayudar a que despertemos, educar para que entendamos mejor qué es lo que está ocurriendo, cómo lo estamos gestionando, y si debemos cambiar algo para que todo funcione de un modo más llevadero, positivo y placentero.

Me gusta pensar que cada vez habrá menos gente que se conforme viviendo una vida mediocre y gris al lado de seres con quienes no son felices. Que cada vez comprenderemos más que, aunque el sufrimiento forme parte de la vida porque somos seres sensibles y nos apegamos, lo importante es que sepamos identificar qué es lo que nos está haciendo sufrir y podemos evitar, que no lo normalicemos y que tengamos claro cuándo debemos alejarnos.

Y por este deseo tan profundo en mí, he escrito este libro.

Mi objetivo es que, tras leerlo, seas capaz de identificar de un plumazo a aquellas personas que has tenido cerca a lo largo de tu vida, en el **pasado**, y han sido tóxicas para ti. Aquellas de las que deberías haberte alejado mucho antes, para protegerte o evitar que te dañaran hasta el punto que lo hicieron.

Quiero que, a partir de ahora, identifiques también a aquellas que tienes cerca, en tu **presente**, y con las que debes poner distancia de inmediato. Que seas capaz de preguntarte: «¿Qué me aporta esta persona realmente? ¿Por qué sigo teniéndola en mi vida? ¿Me hace algún bien? ¿Me daña de algún modo? ¿Me genera algún tipo de malestar?». Y que a partir de las respuestas tengas más claro qué camino debes tomar.

Y quiero que en un **futuro**, de hoy en adelante, las puedas detectar con mayor rapidez y claridad, para evitar autoengaños, mentiras y pérdidas de tiempo innecesarias a su lado.

Vamos a analizar las relaciones tóxicas con personas tóxicas, en las áreas más importantes de tu vida, para que, sea cual sea tu experiencia, encuentres la respuesta y las herramientas que necesites para hacer frente a tu situación:

* En la relación de pareja.
* En las relaciones de amistad: amigos aprovechados (los que están contigo solo por interés), amigos que te utilizan de «cubo de basura», amigos que no te escuchan, etc.
* En las relaciones con familiares: madres, padres o hermanos tóxicos, maltratadores, que no te quieren o que sienten envidia, maldad, etc.
* En las relaciones laborales: jefes, compañeros de trabajo tóxicos, etc.

Como siempre digo, te pase lo que te pase, por mucho que sientas o intuyas que eso en concreto no le pasa a nadie más, que no te quepa la menor duda de que a todos nos pasan las mismas cosas. Siempre hay alguien a tu alrededor que está viviendo lo mismo que tú, te lo aseguro.

Si supieras la cantidad de correos que he recibido tras la publicación de cada uno de mis anteriores libros en los que me decís cosas como: «Silvia, es que parece que te hayas metido en mi cabeza, que hayas vivido mi propia vida. Lo que has contado es mi historia con todo lujo de detalles». No es que yo conozca la historia de cada persona, por supuesto, sino que, como te digo, lo que vivimos unos y otros es lo mismo.

Y esto es algo que siempre me gusta enfatizar, no para que nos sintamos aliviados sin más, sino para que tomemos conciencia de que si hay otras personas que han vivido algo tan similar y han conseguido salir adelante, tú también puedes conseguirlo. Solo es necesario seguir los mismos pasos, esos que han seguido quienes han dejado atrás el sufrimiento producido por estar atrapados en vínculos que les destruían o empequeñecían, o que hacían que su vida se hubiera convertido en una sucesión de capítulos de una historia triste, vacía y ya sin ilusión alguna.

Hemos sido premiados con el regalo de la vida, y estamos aquí para despertar, para aprender y para crecer. Estamos aquí para VIVIR.

De nosotros depende hasta qué punto nos impliquemos en nuestro proceso de crecimiento y de mejora. Pero tengo claro que si has elegido este libro, es porque lo quieres lograr.

CAPÍTULO 1

El SUFRIMIENTO en las RELACIONES

María, una importante deportista de élite, perdió todo el dinero que había ganado debido a que su padre, quien le administraba sus finanzas, tenía una grave adicción al juego. Tras haber estado en lo más alto, tuvo que vivir la dura experiencia de enfrentarse a la ruina absoluta. Al ser consciente de esto, su carácter y su vida cambiaron por completo. Para siempre. Nunca más volvió a ser la misma.

Juan sufrió maltrato por parte de su mujer durante quince años. Ella lo manipuló, le hizo creer que era un completo inútil, le quitó la casa, puso a sus dos hijos en su contra y se fue con otro hombre, dejándolo devastado, arruinado y completamente solo.

Luis sufrió abusos sexuales de pequeño por parte de un primo lejano que los visitaba cada verano, y su padre, cuando él tenía solo ocho años, ya le daba palizas si consideraba que no se portaba bien. Hoy siente un odio muy profundo hacia todo el mundo.

Estefanía, una mujer inteligente, independiente y con muchas ganas de llegar alto, estuvo casada con un hombre con un trastorno de personalidad narcisista. Tuvieron dos hijas. Él no paró hasta lograr que ella dejara su trabajo para dedicarse solo a la casa y a las niñas. La apartó de su familia y de sus amigos, y no descansó hasta hacerle creer que no sabía hacer nada: ni cocinar, ni educar a sus hijas, ni llevar las cuentas, ni hablar ni siquiera pensar. Llegó a dudar tanto de sí misma que acabó dando las gracias por tenerle a él a su lado para protegerla y ayudarla a seguir adelante con su vida. A él. Justamente a él. Su peor pesadilla...

En la vida nos pasan cosas que deseamos con todas nuestras fuerzas y que, cuando ocurren, las celebramos y saboreamos durante instantes que suceden, en realidad, muy deprisa. Pero también pasan cosas que no desearíamos a nadie, que tratamos de esquivar de todas las formas posibles, aunque sea sin éxito alguno... Y es que aquello que la vida decide para nosotros no se puede alterar, ni evitar ni esconder, y cuanto más lo rechacemos o nos esforcemos por hacer como que no está ahí, más irá pesando sobre nuestros hombros, más interferencias creará en nuestro camino y más nos impedirá avanzar.

La pregunta es: ¿Qué hacer con todo el dolor? ¿Qué hacer con todo el sufrimiento y la impotencia que genera ver cómo te arrebatan algo que sientes tan tuyo? ¿Cómo lidiar con las consecuencias de esos traumas vividos en momentos de inmadurez y de máxima vulnerabilidad?

Todos tenemos cicatrices en nuestra alma. Unos más, otros menos. Unos más profundas, otros más superficiales. Pero para poder trascender el dolor y el sufrimiento que estas nos provocan, debemos entender tres cosas:

1. **Entender que la vida fluye.** Teniendo en cuenta que la vida lo es todo (de lo que estamos hechos, lo que habitamos, lo que nos rodea, lo que respiramos, el lugar de donde venimos, lo que sentimos, lo que sufrimos, lo que aprendemos, etc.), esto significa que **todo** está en constante movimiento, que **todo** fluye constantemente, que **todo** está siempre avanzando. Por lo tanto, **ante cualquier cosa que nos haya pasado en la vida, lo primero que debemos comprender es que, si queremos seguir formando parte de la vida, debemos fluir con ello, por**

mucho que a veces cueste. Debemos avanzar, movernos hacia delante. Esto sería lo opuesto a quedarnos estancados y atascados en la casilla de la negación (que es donde nos detenemos en la mayoría de las ocasiones).

Debemos intentar huir de los dramas o, por lo menos, que nuestras experiencias más dramáticas no duren más tiempo del estrictamente necesario en función de la pérdida a la que nos estemos enfrentando. Para ello es importante ser capaces de entender que eso que nos ha pasado, aquí donde estamos ahora, es lo adecuado y lo correcto para poder llegar al punto en el que debemos estar. Que tenemos que pasar por esto para buscar la forma de trascenderlo y conseguir encontrar en nosotros los recursos para alcanzar aquello que hemos venido a ser.

Y es que, si lo pensamos, es normal decir NO. Decir que no queremos aceptarlo, que no queremos que eso nos haya pasado, que no queremos haber perdido a esa persona que tanto amamos, que no queremos asumir que hemos permitido que nos hicieran cosas que no son coherentes ni aceptables. Todos buscamos la admiración y el reconocimiento, y tendemos a evitar mostrar aquello que nos haría caer en el rechazo y la decepción ajenas. Pero esta no es la solución. Este no es el camino. Decir «no» es negarse a fluir, decir «no» es negarse a la vida y, por lo tanto, es negarse a vivir.

2. **Aprender a decir «sí» a la vida.** El segundo paso importante, una vez que hemos comprendido que todo fluye y que hay que seguir siempre adelante, es aprender a decir «sí» a la vida. Sea lo que sea lo que esta nos dé o decida quitarnos. Debemos entender que eso que nos ha pasado, allí donde estamos, con esas personas que nos rodean, en esas precisas circunstancias es, a partir de ese momento, nuestro punto de partida.

Decir «sí» de verdad, desde lo más profundo de nuestro ser y con toda la humildad posible, es aceptar lo que hay. Y esto es, sin duda, lo más liberador que existe. Porque cuando aceptas totalmente aquello que no depende de ti y no está en tus manos, es cuando dejas de tratar de modificar lo que es inamovible y vuelves a fluir con la vida. Es entonces cuando vuelves a vivir. Eso sí, siempre teniendo en cuenta que tras la aceptación de lo que hay debes decidir hacia dónde quieres dirigirte a partir de ese momento.

3. **Aprender a decir «gracias» de corazón.** El tercer paso no podía ser otro. Darle las gracias a la vida ya sea por haberte dado justamente eso o por haberte hecho tan fuerte como para soportarlo, como para pedir ayuda y seguir en pie, como para aprender de ello y volver a apostar por ti. Siempre hay que buscar algo que agradecer después de cualquier experiencia.

SUFRIMOS CUANDO NO ENTENDEMOS LA VIDA

Lo que más sufrimiento nos genera a los seres humanos, sin ninguna duda, son los cambios. Principalmente los cambios que no deseamos. Y si tenemos en cuenta que **la vida es cambio** y que **nosotros somos vida**, que formamos parte de ella, entenderemos que nosotros también somos cambio y estamos en constante proceso de transformación. Y esto no es algo que podamos rechazar o sobre lo que podamos opinar o elegir. Esto simplemente es así.

¿Verdad que nadie se cuestiona el hecho de que vamos a morir algún día? Otra cosa es que divaguemos o confabulemos con qué sucede tras la muerte física del cuerpo, pero ahí no voy a entrar. Llega un día en el que nuestro cuerpo muere. Punto. Y nadie se lo cuestiona. Y no luchamos contra ello. Podemos luchar contra la muerte si creemos que aún no es el momento y que es posible hacer algo para demorarla, pero tenemos claro que, tarde o temprano, llega, y cuando eso pasa, nos rendimos porque sabemos que no está en nuestra mano evitarla.

Y es que hay muchas más cosas que forman parte de la vida misma y que tampoco están en nuestra mano. Cosas a las que deberíamos aprender a rendirnos para lograr vivir más y mejor. Se trata de todo aquello que, al igual que la muerte, no podemos evitar y debemos aceptar. Te pongo algunos ejemplos frecuentes que se dan en el mundo de las relaciones:

- Que alguien haya dejado de amarte.
- Que tu pareja decida dejarte.
- Que sientas que has dejado de amar a tu pareja.
- Que no puedas superar una infidelidad.
- Que hayas sufrido maltrato o abusos en tu infancia.
- Que hayas sido víctima de maltrato a manos de tu pareja.
- Que determinadas personas no sean capaces de entender lo que te está pasando.
- Que tengas a alguna persona muy tóxica en el trabajo (jefe, compañero, etc.).
- Que tu padre/madre/hermano no te ame.

Todos estos ejemplos son vivencias que suceden con frecuencia y que son parte de la vida. También hay experiencias bonitas y positivas, por supuesto. Pero las bonitas no nos hacen sufrir. Son las negativas y dañinas las que más conflictos, malestares y traumas nos generan. Traumas que luego tienen consecuencias en nuestro día a día, a la hora de relacionarnos con nosotros mismos y con los demás.

Durante todos estos años ayudando a personas que sufren debido a esos traumas y malestares originados en el pasado, pero que quedan anclados en su interior, he podido comprobar una y otra vez que cuando de verdad nos liberamos, es cuando somos capaces de aceptar y agradecer. Decir «sí» a la vida, decir «de acuerdo, lo acepto, esto es así, es lo que me ha pasado, he perdido esto o aquello, me siento sol@, vací@, perdid@, insegur@, incapaz, esto es lo que he hecho, es lo que he vivido». A eso es a lo que yo llamo **rendirnos a la vida**. **Rendirnos a la vida es rendirnos a lo inevitable, a aquello en lo que no podemos interferir.**

Si digo «sí», entonces lo acepto (lo cual no significa que me parezca bien), acepto que eso me pasó y que es así y no depende de mí. Acepto que mi pareja me ha dejado, que ya no quiere estar conmigo. Que me trató de esa forma durante cinco años. Que me engañó y yo no lo vi, o no quise verlo. Que se han reído de mí. Que han abusado de mí. Que no he sabido manejarlo de otra manera, que no supe decir «no» ni poner límites, que yo lo permití al no irme, que tuve miedos y estos me paralizaron, que me he sentido culpable durante años, que he buscado de forma incansable que me amaran aunque jamás lo han hecho, que sigo buscando su aprobación aunque jamás seré suficiente para ellos... Sí, sí, sí, lo acepto. ¡LO ACEPTO!

Grítalo, patalea, enfádate o llora, pero asume aquello que ya pasó (o que tal vez sigue pasando) y jamás podrás cambiar, porque cambiarlo no depende de ti.
Pero eso sí, pregúntate:
Y a partir de aquí, ¿qué?
¿Para qué he vivido esto?
¿Qué es lo que la vida quiere que aprenda con esta experiencia?

Tras conseguir la meta de la rendición debemos buscar dentro de nosotros un sentimiento profundo de **gratitud**. Ser agradecidos con la vida siempre tiene recompensas enormes, porque implica ser conscientes de cuál es su verdadero fin.

En un capítulo de mi libro *A solas* comparto la idea de que, de alguna forma, yo creo que la vida nos hace vivir experiencias para experimentarse a sí misma a través de nosotros. Nosotros somos la propia vida. Hay un pedazo de vida en cada uno, y a través de cada uno decide experimentar unas cosas determinadas. Pero no hay que olvidar que, en realidad, todos somos y formamos parte de ella, de la misma fuente, del mismo origen y el mismo fin. Es cuando nos olvidamos de esto, o cuando lo ignoramos o desconocemos, que quedamos atrapados en el sufrimiento durante más tiempo del que se requiere para procesar esa experiencia en concreto. Si quedamos atrapados, todo se magnifica, se engrandece y se desborda. E incluso podemos perder el control. Y es entonces cuando nos arrastramos y humillamos, cuando nos volvemos negativos, amargados, envidiosos e infelices, cuando nuestros miedos nos alejan de nuestra esencia enorme y escandalosamente capaz... E incluso puede que decidamos que ya no queremos seguir en este juego y deseemos quitarnos el pedazo de vida que llevamos dentro y que nos mantiene en pie. Puede que deseemos irnos de aquí porque no lo soportamos más.

No olvidemos que, aunque nos pueda parecer que la vida en ocasiones juega con nosotros, que nos expone a su antojo a las experiencias que ella misma quiere vivir, experimentar y sentir, todos estamos preparados para aquello que tengamos por delante. Y esto es algo que siempre deberíamos recordar.

> *No hay vivencia para la que no estemos preparados o a la que no podamos hacer frente. Somos seres resilientes por naturaleza, y la capacidad de seguir adelante está de forma innata en todos nosotros.*

Cuando yo misma sufrí durante tantos años en una relación con dependencia emocional (lo explico en mi libro *Cuando amar demasiado es depender*, Zenith), pasé muchas noches sin dormir, desesperada, angustiada ante la idea de perder a esa persona, creyendo que me volvería loca y que era incapaz de seguir adelante con mi vida sin él. No podía entender por qué me pasaba aquello. Por qué sufría tanto. Por qué no podía simplemente cortar esa historia y pasar página. Por qué me hundía de aquel modo tan letal... Me preguntaba, una y otra vez: «¿Qué será de mí? ¿Qué voy a hacer con mi vida?». Yo ya era psicóloga, sí, pero ¿qué garantía me daba eso en realidad? Sentía que no sabía nada, que lo estudiado en la carrera no me había aportado nada, que no tenía herramientas para nada, y mucho menos para ayudar a nadie... ¡Si es que la primera que necesitaba ayuda probablemente era yo!

Por suerte, siempre tuve claro que esa carrera me interesaba. Algo intuitivo y profundo me guio, sin que yo fuera consciente de ello, en la dirección correcta. Y aunque, tras formarme, la sensación de estar perdida me abrumaba por completo, sentía que el camino que había elegido era el que debía ser. No sabía por qué, pero sentía que debía estar y seguir allí. Aun sin saber para qué. Al final me rendí y decidí que ya lo iría descubriendo... Y así fue.

Hoy, sin ninguna duda, lo sé. La vida quería enseñarme lo que era ese sufrimiento. El sufrimiento por desamor o por «amor malentendido». Porque solo así, solo habiéndolo experimentado en primera persona, podía comprender a quienes lo sufren y ayudar a quienes lo necesiten. Solo así podía identificar el mismo tipo de sufrimiento en los demás y entenderles de verdad, saber qué les ocurría y cómo se sentían. De no haberlo vivido, no me habría sido posible hacer lo que hago y, mucho menos, como lo hago.

Con aquella experiencia, la vida me marcó el camino que luego decidí seguir. Entendí que esa era mi misión, y hoy estoy profundamente comprometida con ella.

Para mí, insisto, la clave está en la gratitud. En ser capaz de decir gracias de corazón: «Gracias por todo el dolor. Gracias por el sufrimiento. Ahora me rindo ante él y trato de aprender. Gracias por enseñarme».

APEGARSE O FLUIR

Los seres humanos creamos apegos con los demás y con las cosas que poseemos, con aquello que construimos y que acumulamos. Crear apego significa establecer un vínculo emocional con algo. Sientes que lo amas, que te hace feliz, que te pertenece o, en el peor de los casos, que lo necesitas. Y eso, nos guste o no, nos pasa a todos. Nos puede pasar con un ser querido, con un animal, con un trabajo, con un estatus económico, con el éxito o con un bolso. Nos puede pasar con todo. Por supuesto, hay grados y niveles de apego distintos, por lo que, en función de la importancia que tenga eso para nosotros, sufriremos más o menos si la vida nos lo quita de un zarpazo.

¿Qué te parecería vivir pensando cada día que eso que tienes o eso que estás viviendo en este momento, esa comida, ese paisaje, esa conversación, la compañía de esa persona, esa experiencia... puede que no vuelvas a vivirlo nunca más? ¿Que puede que no vuelvas a hacerlo jamás? Igual ahora piensas que no podrías vivir así, pensando en que puedes perder cualquier cosa en cualquier momento, y es cierto. Vivirías con angustia y con un miedo constante al peligro o a la pérdida. Pero... hay otra forma de hacer lo mismo. Se trata de **entender la vida**. Que todo nace y luego muere. Que la vida es como el agua del mar, que se acerca a la orilla y, cuando llega su momento, retrocede de nuevo para volver a su origen, a la fuente, a allí de donde procede.

Creo que, si comprendiéramos que todo viene pero luego se va, que de eso va la vida, de ser capaces de disfrutar cada momento, de saborear los instantes que llegan a nosotros desde la gratitud y el máximo respeto, pero sin tratar de retenerlos, nos iría mucho mejor. Y, sin ninguna duda, sufriríamos muchísimo menos.

CAPÍTULO 2

LAS RELACIONES TÓXICAS

Hoy en día sabemos que el mayor índice de bajas médicas es el producido por la ansiedad y la depresión. Concretamente, los síntomas que estos trastornos generan y por los que acudimos al médico suelen ser: problemas digestivos, problemas cutáneos (eccemas, caída del cabello, herpes, etc.), insomnio, pérdida de la ilusión, dejadez, autoabandono, cansancio injustificado, aumento o pérdida de peso exagerado, crisis de ansiedad, contracturas, etc.

Y la cuestión es que el principal motivo por el que acabamos sufriendo ansiedad o depresiones con más frecuencia es por problemas en las relaciones. Por mantener relaciones con personas de nuestro entorno más cercano que son tóxicas para nosotros, ya sea en el ámbito laboral, de amistad, familiar o de pareja (siendo este último el más frecuente, como ya debes imaginar).

Tener una relación con alguien que es tóxico para ti puede implicar que, de seguir a su lado, acabes destruyéndote por completo, tanto a nivel psicológico como físico y emocional.

Y es que con las personas que son importantes para nosotros nos soltamos, nos abrimos y confiamos. Nos cuesta pensar que puedan hacernos daño, porque nosotros jamás lo haríamos y, por ello, se trata de algo absolutamente inconcebible para nuestro cerebro.

Que un padre o una madre puedan estar maltratándote o destruyendo tu autoestima, que tu pareja pueda despreciarte o engañarte, que tus amigos puedan fallarte, o que en el trabajo quieran verte fracasando, es probable que sean opciones que no encajen con tu forma de ver la vida y de entender los vínculos con los demás. Y, por ser seres sociales, los vínculos que creamos con estas personas que nos rodean son extremadamente importantes para nosotros. Los valoramos mucho y nos afectan mucho, por lo que pueden hacernos mucho bien de ser sanos, o destruirnos por completo si no lo son.

Y es que a menudo no es una situación fácil de gestionar porque puede que no importemos lo más mínimo a algunas de estas personas a quienes nosotros consideramos importantes. A algunos a lo mejor sí les importamos, pero tienen un problema en sí mismos y no son capaces de gestionar la relación o el trato de otra forma. Pero a otros seguro que no, y es necesario aprender a identificarlos y diferenciarlos.

En ocasiones, las relaciones tóxicas se crean con personas que están dañadas. Es decir, personas que tienen un trastorno de personalidad que les impide tener plena conciencia de cómo actúan, del daño que causan y de las consecuencias emocionales y psicológicas con las que tienen que lidiar aquellos que están a su lado. Son personas que nunca van a cambiar porque se trata de un daño irreversible en su cerebro. Lo analizaremos en profundidad para que puedas entenderlo bien, pero me gustaría que, a partir de ahora, este dato no se te olvide jamás. Insisto, son personas que nunca van a cambiar, que tienen un repertorio conductual determinado y que no pueden transformarse en alguien distinto, por lo que serán como son, estén con quien estén.

Es cierto que a veces pueden tener varias caras y varios roles en función de con quién se relacionen, pero tarde o temprano su verdadera esencia acabará aflorando, y cuanta más información tengas sobre esos perfiles, más rápido las podrás identificar y protegerte de sus peligrosas garras.

Algunas veces se trata de personas de las que te puedes alejar con relativa facilidad (puede que no te sea fácil cortar el vínculo, pero me refiero a que no son personas que tengan mucho peso en tu vida, como lo puede tener un padre o una madre), pero otras veces son personas de las que puede que no quieras alejarte del todo, y que con entender su daño mental tengas suficiente para tomar distancia emocional y dejar de vivir la relación de una forma tan destructiva para ti.

En otras ocasiones, las relaciones tóxicas se dan con personas que no tienen ningún trastorno de personalidad, pero que alteran y perturban nuestra paz interior y nuestra calma mental (algo tan necesario para llevar el día a día con equilibrio y bienestar). Puede tratarse de una relación de pareja, entre amigos o entre profesionales, sin que la otra persona haga nada malo ni tenga nada que ver con nuestro sufrimiento. Simplemente son personas con las que no encajamos.

He visto casos, por ejemplo, de personas valiosas, pero muy inseguras, que se acercan y se sienten atraídas justamente por otras de las que perciben mucha seguridad. Como sienten que a ellas eso les falta, admiran mucho a quienes perciben que lo tienen. Empiezan una amistad con ellas y luego, a su lado, se van haciendo increíblemente pequeñas. Sienten tanta admiración, que las ven perfectas y son la viva imagen de lo que ellas siempre han querido ser. Se comparan, quieren imitarlas y hacen todo lo posible por obtener su aprobación o su reconocimiento, por llevar la misma vida, etc. Pero por mucho que se esfuercen, nunca lo consiguen, porque tienen un grave problema de autoestima debido al cual no son capaces de verse a sí mismas, de valorarse, de reconocer todo lo bueno que tienen, ya que pasan demasiado tiempo admirando a los demás. En este caso, ¿sería tóxica esa amistad? La respuesta es «depende». Es decir, esa persona no tiene por qué ser mala, ni ser alguien dañino ni dañado, por supuesto. Igual no hace nada para que la otra se sienta así de insignificante a su lado. Pero aunque no sea una persona tóxica en sí misma, puede que sea tóxica para la otra, ya que al seguir relacionándose con ella, se sigue alimentando esa sensación de constante carencia y de permanente inseguridad. Lo mejor sería que, la persona que se siente mal, si toma conciencia de ello, por un lado, haga de inmediato un trabajo para fortalecer la autoestima y comprender de dónde vienen sus heridas y, por otro lado, que tome distancia de esa persona, por lo menos de forma temporal, porque se sentirá mucho más tranquila desde el mismo momento en el que decida dar un paso al lado.

Eso también puede suceder con una pareja que no encaje con nosotros, que sea muy distinta a lo que en realidad nos gustaría, con la que sintamos que no fluimos y que no avanzamos con facilidad. Si somos demasiado diferentes en lo importante, tarde o temprano empezaremos a sentirnos mal, y eso indicará que la relación se ha convertido en tóxica.

En el ámbito profesional, también he encontrado a personas con inseguridades o con una ambición desbocada (lo parezca o no, ya que en algunos casos se ve de forma muy clara, pero en otros no) que se fijan en alguien que consideran que lo está haciendo mejor que ellas, o que está teniendo más éxito que ellas, o más reconocimiento, o más repercusión, y eso las lleva a obsesionarse de una forma enfermiza e incluso a no poder dejar de pensar en esa otra persona. Y hoy en día, con la sobredosis de información inmediata que tenemos con las redes sociales, que te pase algo así puede llevarte a querer controlar de forma constante lo que allí se expone, cómo lo comparte y todos los detalles implicados. He visto casos que incluso llegan a sentir verdadera ansiedad, insomnio y falta de concentración por la carga obsesiva que esto les provoca.

Y es que en estas situaciones, cuando uno empieza a obsesionarse con alguien más, deja de ser quien es, se desconecta de sí mismo, deja de ser creativo y pierde el foco y la misión, porque todo gira en torno a esa otra persona a la que no deja de controlar y en la que no deja de pensar. Son casos que se pueden identificar con relativa facilidad porque, debido a esa irracional admiración/obsesión que sienten, tratan de ser como esa otra persona, incluso llegando a copiar su forma de ser, actuar y mostrarse.

Puede que se trate de alguien conocido o cercano, incluso de un buen amigo, pero sea como sea, si te ocurre esto, mi consejo siempre es que trates de tomar distancia y te alejes durante un tiempo. Si no es una amistad cercana, con dejar de seguir o de recibir *inputs* será suficiente para que el cerebro se vaya desintoxicando. Y si es alguien más cercano, con no tener tanta relación lo notarás enseguida.

Fíjate en que este sería un caso que demuestra claramente que esa persona es tóxica para ti por lo que genera en ti, pero que en realidad, no hace nada para provocarte eso ni es alguien que sea tóxico en sí mismo. Al contrario, puede que se trate de una bellísima persona para el resto de la gente que la rodea. Y está claro que eso es un indicador de que tú tienes un problema con tu autoestima o de que debes aprender e incorporar nuevas herramientas para gestionar ciertas realidades. **Ese nivel de malestar tan alto, que no viene provocado por nadie de forma directa, nos indica que hay que trabajar algo en nosotros mismos.**

El problema aquí lo tienes tú. La otra persona no tiene por qué ser tóxica. Pero sí que se ha convertido en tóxica «para ti», así que debes dar un paso al lado, detenerte y aprovechar esa dura experiencia, que probablemente te ha desgastado mucho, para analizar, comprender y crecer.

Ser capaces de identificar estos casos y situaciones, comprender lo que ocurre y tener las herramientas necesarias para volver a reconstruirnos y seguir con nuestra vida, dejando esa oscura historia atrás, es clave para no dedicar más tiempo del necesario a esas personas y evitar que nos invaliden para siempre. Y si es posible identificarlas a tiempo, antes de que empiecen a hacernos daño, pues mucho mejor.

PERSONAS TÓXICAS

Me hace mucha gracia —y te aseguro que no puedo evitar reírme— cada vez que al hablar de este tema o escribir algún comentario al respecto en mis redes sociales, hay alguien que no puede controlar el impulso de escribirme para poner algo así como que «las personas tóxicas no existen». Parece como que al verbalizarlo y escribirlo, ya ponen de manifiesto su verdad y el grave error que estoy cometiendo al afirmar lo contrario.

Todo el mundo está en su derecho de dar su opinión, pero la mía no es una opinión personal, sino fruto de las conclusiones a las que he llegado tras más de veinte años viendo y analizando los problemas que surgen en las relaciones. Por eso voy a defender con total seguridad que, efectivamente, sí, las personas tóxicas existen.

Y te diré más, hay personas que son muy muy muy tóxicas y pueden llegar a ser muy peligrosas para quienes acaben cayendo en sus redes. Personas que te pueden llevar a cuestionarte tu propia cordura, tu propia valía, tu propia capacidad y aquello que realmente mereces, incluso tu propia vida.

Sabes que una persona es tóxica para ti porque la relación con él o ella te hace sufrir. Ya sea porque te crea angustia, te genera inseguridades, destruye tu autoestima, te genera miedos o hace que te alejes de ti.

Eso, como ya he explicado, no significa que sea una persona tóxica en sí misma ni que vaya a serlo con todo el mundo. Puede que sea tóxica para ti porque su forma de ser no encaja para nada contigo, o porque no tengáis los mismos valores ni la misma forma de entender la vida y eso te lleve a angustiarte. O, por el contrario, puede que sea alguien muy tóxico en sí mismo y que cualquier persona que esté a su lado acabe viviendo, con toda seguridad, las mismas locuras y pesadillas.

Muchas veces las identificamos también porque son personas que, cuando estás con ellas, no sabes muy bien cómo ni por qué, acaban sacando lo peor de ti. Acabas comportándote de formas que te sorprenden mucho y que jamás habrías imaginado. Pues bien, cuando te ocurre esto, estás con una persona tóxica para ti.

A continuación, quiero hablarte de los distintos tipos de personas tóxicas más frecuentes que puedes encontrar.

Personas que no encajan

Hay personas con las que no encajas ni encajarás por mucho que te esfuerces. Sientes que con ellas nunca acabas de relajarte, que te agotan, que no fluyes porque su forma de ser no es como la tuya. Son personas con las que no puedes ser tú mism@. Y eso, como te comentaba, no significa que sean malas personas, sino que, simplemente, no encajáis. Hace cosas con las que tú no acabas de sentirte cómod@, tiene una forma de comportarse que, por tu educación, te sorprende negativamente (incluso puede que sientas vergüenza ajena). Puede que el rato que tengas que compartir a su lado sea un suplicio para ti (porque no habla, porque habla demasiado, porque solo critica a los demás, porque siempre se queja, porque siempre habla de lo mismo, por cómo trata a la gente, porque solo habla de sí mism@, porque es muy egoísta, porque no te escucha, porque no le importas, porque te desaprueba, porque no tiene vergüenza, etc.). Tener cerca a alguien así puede ser muy desgastante e incluso destructivo. Y no estamos diciendo que sea mala persona ni nada por el estilo. Solo que es tóxica para ti porque lidiar con ella te desgasta, te estresa o te daña.

He conocido a personas así, y es un verdadero suplicio tener que compartir momentos a su lado cuando sentimos que en realidad encajamos tan tan poco o incluso nada.

Recuerdo que hace años tuve que realizar un trabajo de final de curso para una formación a la que me había apuntado. Me tocó hacerlo con una mujer con la que hasta ese momento no había sentido mucha conexión, pero tampoco tenía muy claro por qué. Parecía simpática y alegre, así que yo estaba dispuesta a intentarlo con todas mis ganas y mi mejor actitud. Al fin y al cabo, no tenía elección.

La cuestión es que para realizar ese trabajo debíamos reunirnos durante varios días, en diferentes momentos, por lo que tuve muchas oportunidades de conocerla bien. Quedamos tres veces en la cafetería de un hotel de Barcelona en la que podíamos trabajar sin problemas y con tranquilidad, y luego fuimos dos veces a cenar porque se nos hizo tarde.

La verdad es que mientras trabajábamos en el hotel, íbamos haciendo, aunque yo ya veía que era una persona muy dispersa y a la que le tenía que repetir las cosas varias veces, porque era como si estuviera en su propio mundo, y yo no acababa de tener claro si lo que le decía le parecía realmente bien o no. Pero cuando dejamos de trabajar y fuimos a cenar, ahí sí que llegó el suplicio para mí.

La verdad es que no teníamos confianza porque no habíamos hablado mucho durante el curso. Pero, claro, si yo voy a cenar con alguien a quien apenas conozco, trato de poner de mi parte, trato de interesarme por la otra persona, de hacerle preguntas para conocerla mejor, ya que es una oportunidad más distendida y relajada para ello. Pues bien, quedé completamente agotada.

Estuvo toda la cena —de verdad que no exagero— respondiendo a mis preguntas con monosílabos. Y a lo mejor estás pensando: «¿Y por qué le hacías tantas preguntas si, por lo que parece, ella no tenía ganas de hablar?». Pues bien, porque la verdad es que a mí, estar con una persona con la que no tengo aún confianza, cenando durante más de una hora y sin dirigirnos la palabra, pues me incomoda, qué quieres que te diga... Pero claro, a ella, por lo que intuí, eso le preocupaba bien poco. Para mí, su conducta fue poco cortés y de mala educación. Me sentí muy mal y me juré que no volvería a cenar con ella en la vida.

Pues bien, hubo una segunda ocasión. Después de esa primera, ella parecía bien contenta de seguir el trabajo conmigo, aunque con la misma actitud de pescado hervido de fondo. Es cierto que su estado anímico era cambiante. Por eso yo tenía la idea de que era alegre y simpática, porque a veces sí que se mostraba así. Pero luego, de repente, era como si se le acabaran las pilas; se quedaba en modo «reserva» y ya no daba para más. En fin. Agotador.

Fuimos a cenar una segunda y última vez, en la que viví lo mismo que en la primera, y ahí sí que ya entendí lo que la vida quería mostrarme. Me armé de valor y apenas abrí la boca. Quise experimentarlo de ese modo y fue curioso. Me lo tomé como un aprendizaje por mi parte.

A mí me incomodaba que con su actitud me demostrara que yo no le importaba lo más mínimo y que no tuviera ningún interés en interactuar conmigo, pero logré comprender que eso era lo que yo sentía e interpretaba con su conducta. Que igual no tenía nada que ver con ella, que igual había sufrido muchas cosas que la habían llevado a aislarse de aquel modo, a intentar disimularlo cuando estaba con más gente y aparentar ser distinta, pero que llegaba un punto en el que se relajaba y salía su esencia verdadera. En fin.

Lo importante de aquella experiencia es que me di cuenta de que esa forma de ser no me generaba ni comodidad ni facilidad. Con los años, cada vez he tenido más claro que, para mí, una relación sana siempre es fácil y cómoda. Y eso yo no lo sentía. Ni una cosa ni la otra. Era una persona demasiado distinta a mí y a mis valores, por lo que tras presentar nuestro trabajo, no hubo más cenas ni más encuentros de ningún tipo. Y menuda losa me quité de encima.

Esto nos puede pasar con alguien que conocemos, con un familiar, con una pareja, con un amigo, etc. Si sientes que no encajas, lamento decirte que, por mucho que te empeñes, por mucho que te esfuerces y por muy buena voluntad que le pongas, no encajarás, porque un objeto redondo nunca encajará dentro de uno cuadrado de su mismo tamaño. No va a entrar por mucho que aprietes y por mucho que te empeñes. O le cambias la forma a uno de los dos, logrando así que pierda su esencia y, por lo tanto, que deje de ser lo que es, o no encajará jamás. Asúmelo y toma una decisión madura lo antes posible.

Personas que te decepcionan

Algunas personas se venden muy bien a sí mismas. Cuando escuches comentarios del tipo «yo nunca...», o «yo siempre...», o «conmigo jamás...», recuerda no creerte nada de lo que digan a continuación. Si luego la experiencia te demuestra que era cierto lo que dijo esa persona, genial. Pero es muy probable que no sea así, y en este caso, si no te lo has creído, la decepción no será tan grande.

A mí, personalmente, que las personas en las que confío y a las que aprecio o amo me decepcionen es lo peor que me puede pasar. Algo se rompe por dentro y ya nunca vuelvo a verlas igual. Las puedo perdonar, por supuesto, y lo hago. Las puedo comprender, sin duda, y lo hago, pero ya nada vuelve a ser lo mismo para mí. Ya no me siento igual. No lo puedo evitar.

A lo largo de todos mis años de carrera profesional hasta hoy, he vivido decepciones y algunas de ellas han sido importantes y me han dolido mucho. Y he tenido que hacer mi trabajo para lograr gestionarlo y que no me quitara el sueño, porque soy muy sensible y me incomoda que la gente esté mal conmigo si yo no les he hecho absolutamente nada.

En esos momentos lo que más me ayuda es tratar de recordar que todos llevamos un niño herido dentro, que es quien hace actuar así a esas personas. No es para justificarlas, no, no. Es para comprender el porqué de su forma de ser y actuar.

También hay ocasiones en las que alguien cercano a ti actúa de forma tóxica o se convierte en tóxica, y es porque esa persona tiene al lado a alguien tóxico y no se da cuenta, aunque esté altamente influenciada y/o manipulada por ella. Es de esas personas que cuando sucede algo, influyen negativamente alimentando la rabia, el odio o la maldad, y logrando que uno acabe haciendo lo que ellas quieren. Puede que ni siquiera lo veas, pero es así. Y puede que te acabes haciendo aún más daño desde esas emociones desatadas que no te dejan ver con claridad ni comprender lo que está ocurriendo.

En la consulta veo con mucha frecuencia que esto ocurre cuando hay una separación. Sobre todo en aquellos casos en los que uno de los dos decide dejar a su pareja de repente, sin que la otra persona se lo espere, generalmente habiendo algún hijo muy pequeño y sin dar demasiadas explicaciones. Son casos en los que se ve que hay alguien tóxico cerca porque, si bien al principio la persona que corta la relación se siente mal, y así lo transmite porque muestra culpa, pena y miedo, (las emociones más habituales al vivir estos cambios tan importantes) llega un momento en el que esto va cambiando. Al demostrar culpa y miedo inicialmente, la persona que ha sido dejada le ve mal, y eso hace que por lo menos sienta que tiene compasión, que le sabe mal dar ese paso, pero que por lo que sea necesita darlo. Se percibe, en quien corta la relación, un interés en hacer las cosas de forma que se creen las mínimas heridas posibles y haciendo el menor daño. Es cierto que, ante una situación así y con un hijo pequeño, a veces incluso recién nacido, no hay forma de que la otra persona no sufra, pero también es cierto que, si uno ve bondad y compasión en el otro, el dolor es menos intenso y se llega antes a la sanación.

No obstante, lo que ocurre en muchos casos es que tras ese primer capítulo inicial lleno de empatía y de suavidad, la persona que se ha ido empieza a cambiar. Tiene conductas extrañas, respuestas con toques de rabia, llenas de ira, y reproches injustificados o incluso malvados que llevan al otro a no poder salir del asombro y del dolor más desgarrador.

Y es que, claro, nadie puede entender ese cambio tan repentino y tan dañino. Uno ya tiene que hacer bastantes esfuerzos para asimilar que su pareja, con quien supuestamente estaba tan bien, con quien acababa de tener un hijo buscado con alegría, con quien tenía proyectos de futuro y muchos planes en común, de golpe, de la noche a la mañana, ya no está a su lado, ya no quiere compartir absolutamente nada y rompe la familia que acaban de formar con tantas (supuestas) ganas. Si, además de esto, luego tiene que lidiar con el despecho, la rabia y la falta absoluta de compasión, las heridas pueden ser aún más difíciles de curar.

Ante el asombro y la imposibilidad de comprender estos hechos, uno empieza a dar vueltas, a buscar explicaciones, a inventar hipótesis distintas... porque el cerebro necesita entender aquello que lo daña para así poder procesarlo y seguir adelante. Si no lo consigue, eso puede convertirse en un pensamiento obsesivo que aparece una y otra vez sin descanso para ayudarnos a que, al final, encontremos la respuesta. Pero la respuesta la tenemos enfrente, aunque cuesta muchísimo de aceptar. No nos gusta y tratamos de buscar otra distinta, pero es la que es.

He comprobado que cuando ocurre esto, en la mayoría de los casos hay una tercera persona en escena. Es decir, si tu pareja ha decidido dejarte de esta forma, casi siempre es porque ha conocido a alguien más y lo que le da la fuerza para dejarte en estas circunstancias es precisamente haberse enamorado de esa persona. Y lo que sí está claro es que si vemos en nuestra pareja un cambio tan radical e incomprensible como el que te estoy describiendo, es porque esta tercera persona no le está haciendo mucho bien.

Puede que trate de manipular a tu expareja haciéndole creer que está siendo demasiado benévola contigo, que te está haciendo demasiadas concesiones, que está teniendo demasiada compasión y que en realidad no eres tan buena persona como siempre creyó. Desde esa postura, tu expareja empieza a actuar desde esa rabia y ese despecho antes mencionados. Es como que, de repente, se ha puesto en tu contra, como si su cometido fuera hacerte daño, como si tú fueras la parte mala de la ecuación, y te ves, en un abrir y cerrar de ojos, tratando de asimilar varios duelos a la vez: la pérdida de la familia que habíais construido, la pérdida de la relación que teníais y que creías sana, la pérdida de vuestros proyectos de futuro, de vuestra vida social, de vuestras rutinas... y todo ello alimentado por una persona que, en vez de ayudar a que todo se haga de la mejor forma posible, solo piensa en sí misma y en alejar cuanto antes a tu expareja de ti.

Cuando, en cambio, ante un problema o una situación como esta, uno tiene al lado a alguien que le ayuda a ver y entender lo que ocurre desde una perspectiva de bondad y compasión, desde querer hacer el bien e ir a una, lo vivirá de una forma que resultará mucho más sana, constructiva y liberadora para todos los implicados.

Hay personas que son buenas, pero que acaban actuando de forma inmadura manipuladas por otros. Y hay personas que uno cree que son de verdad, pero la única verdad que hay en ellas es que son mentira.

Me refiero a esas personas (muchísimas) que dedican su vida a dar consejos y lecciones sobre algo que ellas mismas son incapaces de aplicar. Personas que dan discursos de cómo hay que hacer las cosas, subidas en su pedestal de superioridad, y que son, sin ninguna duda, las que peor están y más ayuda profesional necesitan.

EL CASO DE LAIA

Quiero compartir contigo el caso de Laia. Se trata de un caso que, lamentablemente, es muy frecuente y a la vez muy destructivo.

Laia es una mujer fuerte, luchadora y muy comprometida con su proyecto vital. Su trabajo está centrado en ayudar a quienes lo necesitan.

La conocí hace ya muchos años. Vino a verme porque estaba en una relación muy dañina de maltrato psicológico e incluso físico. Había intentado de todas las maneras posibles escapar de allí, pero no había tenido éxito. Estaba a punto de perder la esperanza de conseguirlo y decidió venir a verme. Para ella, cruzar medio país para asistir a las sesiones que hacíamos era la última carta que le quedaba.

Fue un caso complejo, no lo negaré. Hubo algunas sesiones en las que dudaba de sí misma. Hubo recaídas, hubo enfados, y tuve que ser bastante dura con ella para conseguir que tocara fondo y lograra así reaccionar. Para que se activara en ella esa palanca de cambio que empezara a empujarla.

Poco a poco, un día empezó a ponerse en movimiento y, al final, lo logró.

Fue increíble ver su liberación después de haber sufrido tanto.

Hace un par de años (cuando ya habían pasado unos seis desde nuestro proceso), volvió a contactar conmigo para pedirme cita.

Me sorprendió porque lo que yo recordaba era que justo en el momento en que empezó a liberarse de esa historia de terror había conocido a Edgar, un chico maravilloso, sensible, que la cuidaba, la valoraba y la amaba como nadie. Un chico sensible que comprendía por lo que ella había pasado y que estaba ahí, con paciencia, adaptándose a la velocidad a la que ella se sintiera cómoda y haciéndole sentir que estaba dispuesto a apostar de verdad por su relación.

Laia tenía miedo, y recuerdo que alguna vez me escribió para preguntarme si era normal. ¡Por supuesto que lo era! Después de haber sufrido tanto, lo extraño sería adentrarte a una relación tranquilamente y como si nada. El miedo a que te vuelvan a hacer daño es muy habitual porque el cerebro, cuya principal misión es protegerte, te frena y te crea desconfianza para que estés seguro de que ahí te van a tratar bien. Y aun así sabemos que no hay garantías, que puede no ser lo que parece, que necesitamos tiempo para conocer bien al otro, pero de todas formas ese miedo nos ayuda analizar la realidad que tenemos delante con un poquito más de calma y atención.

Pues bien, poco a poco, Laia se dejó llevar y empezaron a salir ya de una forma implicada y comprometida.

De vez en cuando recibía algún correo suyo en el que me explicaba su evolución. Me contó que se iban a comprar un piso juntos. Que eso le daba miedo, pero que sentía que debía dar ese paso al frente. Luego él le pidió matrimonio. Ella no necesitaba casarse, pero como estaban bien, le dijo que sí. Estaba muy bien a su lado. Él le daba seguridad, la hacía sentir protegida, cuidada y amada. Luego él le dijo que quería tener un hijo.

Para Laia no era necesario tener un hijo tan pronto. Llevaban ya casi cuatro años, pero eran jóvenes y ella sabía que eso sería un cambio muy importante en sus vidas. Pensaba que ya tendrían tiempo para tomar esa decisión.

Pero él poco a poco fue insistiendo y, como estaban bien, al final ella accedió. Quedó embarazada enseguida.

Fue durante el embarazo cuando ella empezó a notar un cambio en él a nivel de deseo. Ya no la buscaba para tener relaciones sexuales y, lo que es peor, en más de una ocasión, ella le buscó a él, y él la rechazó. A Laia esos gestos le dolieron mucho, pero trató de pensar que era porque estaba embarazada.

Con el cambio hormonal que supone un embarazo y esos cambios de conducta en él, Laia pasó unos meses complicados, aunque trataba de buscar justificaciones para todo y así no sentirse tan mal.

A los nueve meses nació la pequeña Ariel. Y cuando esta tenía un mes y medio, Edgar estaba más raro que nunca. Estaba irascible y rabioso, se encerraba en la habitación, discutía por todo y dejaba de hablar a Laia. Le decía que no sabía lo que le pasaba, que no estaba bien consigo mismo. Que estaba ahogado y que ella le hacía sentir peor.

Imagina, ella acababa de tener a la niña. Con los cuidados y las atenciones que un recién nacido necesita, solo le faltaba tener que estar lidiando con ese cambio de conducta en él.

Un día discutieron y él le dijo que no estaba bien y que se iba a casa de sus padres. Hizo las maletas y se fue.

Ella, como puedes imaginar, no podía creer lo que le estaba pasando. Acababan de tener a su hija. La que tanto habían deseado y la que tanto les ilusionaba tener en brazos. Acababan de formar una familia y, justo en ese momento, él se va.

Y ahí es cuando ella vino a verme.

Yo, cuando veo estas situaciones que *a priori* son (o parecen) tan inverosímiles, ya tengo claro que casi siempre hay otra persona. En hombres como Edgar es raro que lo asuman, porque no suelen tener agallas, pero, aun así, la hay. Ese enamoramiento es el que les da la fuerza para irse en un momento en el que es incomprensible que alguien lo haga.

Para Laia, esa situación era demasiado. Igual que lo habría sido para la mayoría de las mujeres en su lugar. Imagina: salió de una relación de maltrato muy grave. Conoció a Edgar. Se casó y tuvo una hija, a pesar de que ella no lo habría hecho aún porque quería disfrutar más tiempo sin el cambio de vida que supone tener cargas familiares, y justo tras dar a luz va él y la deja.

Tenía que seguir adelante ella sola con una niña recién nacida, el trabajo, su madre enferma y el duelo de una ruptura desgarradora e inesperada porque su pareja la había dejado de amar.

Lo hizo, por supuesto. Le costó, porque no es una situación fácil en absoluto, pero lo consiguió. Lo más difícil tal vez fue que, además de todo el propio proceso, él empezó a comportarse con rabia hacia ella, culpándola por todo, amenazándola con demandarla, y sin ningún tipo de escrúpulo por todo el sufrimiento que ella estaba viviendo. Ella le permitía ver a la niña tal y como pactaron e intentaba siempre pensar en lo mejor para la pequeña.

Un día me preguntó por qué le había pasado eso. Me decía que ella se recordaba fuerte y segura cuando empezó la relación. Con el proceso de recuperación que había hecho tras la relación anterior, estaba muy bien y no comprendía cómo había llegado hasta ese punto.

Tras haber revisado todo lo ocurrido con Edgar, se lo pude explicar, y creo que entender eso la ayudó a acabar de liberarse.

Al principio de la relación, ella tenía muy claro dónde estaban sus límites. Se mostraba fuerte y segura porque sabía lo que no quería volver a vivir. Edgar se adaptó bien, o eso parecía, pero él tenía un problema. Era incapaz de expresar sus emociones, de compartir aquello que le molestaba, necesitaba o deseaba. Se adaptaba siempre a ella. Llegó un día en el que empezó a tener cambios en su carácter. Tenía respuestas extrañas y, visto con perspectiva, no la trataba del todo bien.

Empezó a salir con un amigo por las noches alegando que «lo necesitaba». A ella eso no le parecía bien, no era la idea de relación de pareja que tenía ni la que hasta ese momento habían compartido. Aun así, teniendo en cuenta la envergadura de su compromiso (piso de compra entre los dos, casados, embarazada), trataba de autoconvencerse de que ya se le pasaría, de que quizás era ella la que era muy estricta, o la que era demasiado sensible, o la que no hacía las cosas bien... por lo que fue dejando pasar conductas y actitudes que no le encajaban.

Y así hasta que llegó el final. Pero lo importante es que ella tuviera claro por qué empezó fuerte y segura y acabó triste y sintiéndose pequeña, sintiendo celos porque veía cosas que no le cuadraban (y que al final se confirmaron que eran verdad) y culpable de todo lo malo que les pasara.

Y más importante aún era que se diera cuenta de que, probablemente, aquella relación había empezado demasiado rápido tras su recuperación y de que tenía que aprender a leer ciertas señales que no había identificado en su momento, comprender ciertas conductas y reacciones que, aunque a nivel intuitivo uno siempre las ve, nos falta hacerles caso y no taparnos los ojos porque no nos gusta lo que nos están dando a entender.

No tengo ninguna duda de que, tras aquella experiencia y el aprendizaje que hizo Laia, la siguiente relación que tenga será muy bonita y placentera para ella, y que en el momento que no lo sea, cortará sin dejar pasar más tiempo del necesario.

Personas destructivas

Formarían parte de este tercer grupo las personas que tratan de cambiarte, que te transmiten que no eres una persona adecuada, sino un ser imperfecto, y que probablemente te iría mejor si fueras distinta. Aquellos que tratan de hacerte ver que te falta educación, que no haces bien las cosas y que tienes mucha suerte de tenerles a ellos al lado. Empiezas a sentir que no sabes hablar, que no sabes comer, que no sabes estar, que no sabes vestir, que no tienes buena conversación, que te equivocas en todo... Y puede que se dediquen a educarte y enseñarte «por tu bien» y «porque te quieren», por supuesto. Son personas manipuladoras, maltratadoras y, en realidad, con bastantes problemas psicológicos, aunque es muy poco probable que lleguen a ser conscientes de ello.

Son personas que están dañadas, que tienen unas heridas internas, psicológicas y emocionales, en la mayoría de los casos irreversibles, e inexistentes a sus propios ojos, por lo que es importante ser capaces de detectarlas para actuar correctamente.

Y es que debido a la increíble y escalofriante falta de educación en estos temas, casi nadie tiene la capacidad de identificarlas. Son personas con trastornos de personalidad muy graves que pueden cruzarse en nuestro camino somo si nada. Puede que debido a nuestra falta de experiencia y de conocimientos no las veamos venir. Puede que incluso nos parezcan, *a priori*, maravillosas, encantadoras y un auténtico regalo del universo. Puede que nos sintamos los seres más afortunados del mundo por tenerlas, como por arte de magia, en nuestras vidas. Pero de encajar en este perfil de personas destructivas, tarde o temprano empezarán con sus estrategias tan despiadadas como letales para convertir nuestro corazón en un montón de pedazos desencajados.

Te hablaré en breve de cuáles son estos perfiles peligrosos y altamente destructivos y de cómo identificarlos para que, a partir de ahora, sí que estés preparad@ si te cruzas con alguno de ellos.

Las personas que no encajan y las que te decepcionan pueden crearte mucha ansiedad y malestar, pero las destructivas son realmente peligrosas para ti, así que cuanto antes puedas identificarlas, mucho mejor.

¿EL SER HUMANO NACE BUENO O MALO?

En su obra *El príncipe*, Nicolás Maquiavelo dijo que el hombre es malo por naturaleza. Jaques Rousseau, en cambio, afirmaba con rotundidad que el ser humano nace bueno, pero es la propia sociedad y el entorno los que lo corrompen y, en ocasiones, lo vuelven malo.

Está claro que este es un tema que despierta e invita a debates profundos e interesantísimos. No imaginas la de horas que he pasado hablando de este tema, y es increíble cómo cada uno vemos clarísima nuestra posición y nos cuesta entender la de quienes no piensan igual.

Yo lo tengo muy claro: el ser humano es bueno por naturaleza. Y lo tengo claro porque no hay más que observar cómo nace un niño, cómo evoluciona y qué es lo que le afecta e interfiere en dicha evolución. Qué es lo que le condiciona y moldea en una u otra dirección. Pero, aun así, quiero destacar que incluso en la propia comunidad profesional hay discrepancias en este y en otros aspectos por lo que es importante analizar un poco los distintos perfiles que acostumbran a ser más peligrosos o dañinos para comprender en qué se diferencian entre sí y también por qué se comportan así.

En mi opinión, y de acuerdo con mi experiencia, son cuatro los trastornos de personalidad más frecuentes y con los que más nos encontramos en la consulta. Se trata del trastorno de personalidad antisocial, el trastorno de personalidad psicopática, el trastorno límite de la personalidad y el trastorno de personalidad narcisista. Estos son los perfiles más comunes y peligrosos de las personas destructivas y dañinas.

Sin embargo, cuando digo que estos son los trastornos con los que más nos encontramos, no creas que es la propia persona que padece el trastorno la que viene a pedirnos ayuda. No, no. Lamentablemente, esto no acostumbra a suceder. A quien nosotros ayudamos es a quien ha caído en las redes de alguien que padece un trastorno de personalidad y ha sufrido la destrucción, a veces extrema, de vivir un tiempo a su lado.

CAPÍTULO 3

TRASTORNOS de personalidad que destruyen RELACIONES

Aclaraciones previas:

- *Hay características y causas que son comunes en más de un trastorno. Definimos un trastorno en concreto cuando la persona tiene varias de ellas y se puede diferenciar de los otros.*
- *Por otro lado, quiero aclarar que al leer estas descripciones, puede que pienses que conoces a algunas personas que encajan con la explicación, pero encajar en uno o dos puntos no significa padecer el trastorno en sí. Uno puede tener un pronto fuerte o ser más agresivo en determinados momentos y no por eso tener un trastorno de personalidad. Lo quiero aclarar porque en este tema no se trata de una suma en la que 1 + 1 son 2, sino que hay que consultarlo siempre con un profesional. Ahora bien, si conoces a alguien cercano que encaja al cien por cien con todo lo que aquí se describe, es muy probable que tenga uno de estos tipos de personalidad dañada. Aun así, insisto, si crees tener una relación con uno de estos perfiles, mi recomendación es que lo consultes con un psicólogo experto.*
- *La mayoría de los casos que voy a describir pueden darse tanto en hombres como en mujeres, y voy a hablar de ambos géneros indistintamente. Sin embargo, hay situaciones que las he visto de forma exclusiva en perfiles masculinos y así lo voy a reflejar. Quiero dejar esto claro para que cualquier hombre que esté leyendo este libro no sienta que estoy demonizando su género y poniendo a las mujeres como las eternas víctimas de las relaciones tóxicas, porque no es así. Hay trastornos que se dan claramente con más frecuencia en hombres y otros que también vemos en muchas mujeres.*

Aunque son muchos los trastornos de personalidad definidos en los principales manuales de psicología, en este libro quiero hablarte de los cuatro con los que tanto yo como todo mi equipo tenemos que lidiar con más frecuencia, ayudando quienes se exponen a personas con estos trastornos quedando destruidos a tal nivel que necesitan realizar un proceso terapéutico para reconstruirse, para volver a recordar quiénes eran antes de esa relación y para fortalecer de nuevo su autoestima y su dignidad, ya que a menudo también la han perdido.

Es importante tener claro que, aparte de ser muy graves, se trata de trastornos crónicos, por lo que deberíamos intentar evitar caer en la trampa del ya tan desgastado: «Conmigo cambiará».

Básicamente porque no pueden cambiar.

Vamos a analizar, pues, con más detenimiento cada uno de ellos, para que de esta forma puedas tomar conciencia de si estás ahora mismo con alguien así, de si lo has estado en el pasado y ni siquiera te diste cuenta hasta hoy, o de si corres peligro de caer en las redes de alguno en un futuro.

Empezaremos por el trastorno límite de la personalidad. Seguiremos con el trastorno antisocial y el trastorno psicópata.

Y, por último, nos quedaremos y profundizaremos mucho más en el trastorno más extendido y por el que más me preguntan la mayoría de los seguidores en las redes sociales: el trastorno de personalidad narcisista.

TRASTORNO LÍMITE DE LA PERSONALIDAD

De los cuatro trastornos de personalidad de los que quiero hablarte, el trastorno límite de la personalidad (TLP) es el único en el que se puede llegar a tener verdadera conciencia del propio trastorno. Y al producir a las personas afectadas un gran malestar y un elevado sufrimiento, incluso puede que pidan ayuda profesional para tratar de aliviar su dolor.

Se caracteriza básicamente por una clara inestabilidad en su estado de ánimo, en la forma de comportarse y, como puedes imaginar, en la forma de relacionarse con los demás. Esto les lleva a tener con gran frecuencia numerosos problemas, alteraciones y conflictos en todas las áreas de su vida (tanto profesional como de amistad, familiar o de pareja).

Los primeros síntomas suelen mostrarse en la adolescencia o durante los primeros años de la adultez. Acostumbra a ser un trastorno difícil de identificar, porque en la mayoría de casos viene acompañado de depresión, ansiedad, trastornos de la conducta alimentaria, trastornos por déficit de atención o alguna adicción a determinadas sustancias. Por este motivo, puede que el propio trastorno quede camuflado y se entienda o interprete como una consecuencia de las otras alteraciones psicológicas.

Se estima que afecta al 1-2% de la población general y representa casi el 10% de los trastornos psiquiátricos diagnosticados.

Es bueno tener en cuenta que el TLP puede tratarse y experimentar una notable mejora (es el único, como ya te he comentado). Esto puede permitir al sujeto tener una vida mucho más estable y equilibrada (siempre que esté siguiendo el tratamiento adecuado, claro está). Aun así, y si bien es cierto que con el paso de los años hay una cierta tendencia a la estabilización de los síntomas, son personas que seguirán teniendo unos índices muy altos de disfuncionalidad, lo cual, de un modo u otro, acabará afectando a su calidad de vida.

Veamos con más detalle cuáles son las características que definen el trastorno límite de la personalidad para que nos sea más fácil identificar si tenemos cerca a alguien que lo padece.

Características de las personas con TLP

* Sufren un miedo muy profundo a ser abandonados y serias dificultades para tolerar la soledad. Esto les puede llevar a reacciones muy extremas con el objetivo de evitar una separación o ser rechazados (ya sea este un peligro real o imaginado).
* Aun así, sus constantes cambios de humor y de estado de ánimo, su ira descontrolada y su impulsividad hacen que quienes están a su lado no lo aguanten y acaben alejándose de ellos.
* Acaban teniendo una larga lista de relaciones tan intensas como inestables. La causa de la inestabilidad suelen ser ellos mismos, que pueden pasar de ver a aquella persona como alguien completamente ideal a perder sin más el interés por ver en ella lo peor.
* Son muy cambiantes en todo. Puede que cambien de repente sus objetivos en la vida, sus proyectos profesionales, sus valores, etc.

* Pueden tener también momentos de comportamientos impulsivos en los que incluso muestren conductas de riesgo como conducción temeraria e imprudente, gastar sin medida, tener sexo sin protección, atracones, abusar de las drogas o tomar decisiones muy peligrosas a nivel profesional, como dejar de repente un buen trabajo o acabar con una relación de pareja en la que estaban bien.
* Puede que amenacen o que realmente tengan conductas suicidas, que con frecuencia suelen ser una respuesta al miedo a la separación o al rechazo.
* Son frecuentes también las conductas autolíticas. Se autolesionan a sí mismos.
* Presentan notables cambios de humor, que pueden durar desde algunas horas hasta varios días. Pueden pasar de una felicidad muy intensa a la irritabilidad, la vergüenza o la ansiedad.
* Tienen sentimientos continuos de vacío.
* Muestran enfados intensos que les llevan a perder la calma con frecuencia, a comportarse de una forma amargada o a acabar teniendo peleas físicas.
* Tienen dificultad para mantener conductas estables que les permitan conseguir ciertas metas vitales.

Causas del TLP

Se considera que son tres las principales causas del trastorno límite de la personalidad:

1. **Ambientales.** Cuando se realiza una revisión de la historia y la infancia de quienes sufren un TLP, muy a menudo explican que han sido maltratados física o psicológicamente, y en muchos casos que han sido víctimas de reiterados abusos sexuales cuando eran pequeños. Muchos han vivido situaciones muy duras en las que perdieron a

sus progenitores o fueron separados de forma dramática de ellos o de quien les cuidaba. De hecho, es un trastorno bastante habitual en niños abandonados o adoptados que han vivido los primeros años de sus vidas con unas carencias evidentes a nivel afectivo.

También puede que los padres fueran consumidores habituales de determinadas sustancias tóxicas o tuvieran problemas de salud mental.

Y en otros casos puede ser también que sean niños que presenciaron duros conflictos en casa o que tuvieron relaciones familiares muy inestables y dañinas.

2. **Genéticas.** Varios estudios han indicado que quienes sufren un TLP suelen tener otros miembros de la familia (padre, madre, hermano o abuelo) con trastornos de salud mental (sea el mismo u otro similar).

3. **Biológicas.** Algunas investigaciones han demostrado que en estos casos puede que haya ciertas áreas del cerebro que no funcionan correctamente, como las encargadas de regular las emociones, la impulsividad y las conductas agresivas. También podría ser que la secreción de determinadas hormonas encargadas de regular el humor, como la serotonina, no se produzca adecuadamente.

Consecuencias de sufrir un TLP

Debido a la inestabilidad de su estado de ánimo, a su cambiante humor, a sus reacciones desproporcionadas e imprevisibles, a su profundo miedo al abandono y a su falta de control, este trastorno acaba afectando a la mayoría de áreas de la vida de quien lo padece. Afecta a las relaciones íntimas, al trabajo, a los vínculos sociales y a la propia imagen que uno tiene de sí mismo tras analizar cómo le va la vida en general y hacer balance.

Los afectados por este trastorno se dan cuenta de que su vida puede estar marcada por:

* Reiterados cambios o pérdidas de su puesto de trabajo.
* Incapacidad para acabar las formaciones que empiezan.
* Problemas legales, conflictos o incluso condenas.
* Relaciones conflictivas, divorcios.
* Autolesiones, cortes, quemaduras, hospitalizaciones frecuentes, etc.
* Verse involucrados en relaciones en las que abusan de ellos.
* Embarazos no previstos, infecciones de transmisión sexual, accidentes de tráfico, peleas por su conducta impulsiva, intentos de suicidio o suicidios.

Algunas personas que sufren un TLP pueden tener también asociado otro trastorno mental como:

* Depresión.
* Alcoholismo o adicción a algunas drogas.
* Trastorno de ansiedad.
* Trastornos de la alimentación.
* Etc.

¿Cómo se puede ayudar a alguien con TLP?

Dado que, tal y como te he comentado, estos perfiles sí que, en algunos casos, buscan ayuda y se abren a ella, si te sientes identificado con las características aquí descritas, lo primero que deberías hacer es encontrar un centro especializado en TLP. Te recomiendo que no te limites a buscar por internet «psicólogos cercanos», porque si no son expertos en el tema, vas a perder el tiempo y tirar el dinero. Siempre hay que buscar un centro que trabaje específicamente el problema que tengamos, y en este caso, en el que se trata de un cuadro complejo, aún más.

Además de administrarse un tratamiento farmacológico, supervisado por un psiquiatra, en caso de ser necesario (sobre todo para disminuir la ira y controlar con mayor facilidad los impulsos agresivos que suelen darse), se suelen utilizar distintas herramientas terapéuticas que intentan lo siguiente:

* Psicoeducar al paciente y reducir lo antes posible los síntomas más graves y peligrosos para el propio paciente, como las conductas autodestructivas, y modificar sus reacciones automáticas más primitivas que les impiden establecer vínculos afectivos sanos. Se les enseña a controlar sus propias emociones y a centrarse en sus metas para, a partir de ahí, lograr crear relaciones mínimamente satisfactorias.
* Trabajar para que el paciente comprenda mejor sus propias emociones y así tenga más facilidad para empatizar con los demás. Cuanto más entendamos lo que nos ocurre a nivel emocional (lo que sentimos, lo que nos duele y lo que nos hace bien), más fácil nos será conectar con el mundo interior de las otras personas. Cuando un paciente con TLP logra mejorar en estas áreas, es capaz de crear vínculos más sanos con los demás.

En definitiva, se busca paliar los síntomas principales: controlar las emociones para que estas personas sean menos impulsivas, aumentar el nivel de empatía y de comprensión de las propias emociones y de las de los demás, disminuir la ira interna que se activa de forma automática y evitar las autolesiones o, en los peores casos, el suicidio.

TENER UNA RELACIÓN CON ALGUIEN QUE SUFRE UN TLP

La experiencia que vives cuando tienes una relación con alguien que tiene TLP es la de estar con una persona desequilibrada emocionalmente. Esa sensación de «no saber cómo te vas a encontrar» a esa persona es muy frecuente y habitual. Tal vez un día te sientes muy contento e ilusionado por algo que has organizado (un viaje, una cena, una escapada, un encuentro...) y te arruina la velada por nada. Sin saber cómo ni por qué te ha montado un número digno de la mejor tragicomedia de Shakespeare. Incluso puede que te haga pasar vergüenza o que te lleve al borde de la desesperación por no entender nada de lo ocurrido. Puede que pienses que eres tú quien le provoca esas reacciones, o que te plantees que eso no lo quieres más en tu vida y que tienes que separarte lo antes posible.

Luego, después de ese fatídico suceso, es posible que vuelvas a quedar, pero que sientas mucha inseguridad, que vayas con miedo a lo que pueda pasar y con muy pocas expectativas, con serias dudas de si ir o no ir. Pero, contra todo pronóstico, ese día resulta que te encuentras con alguien totalmente distinto, pletórico, detallista, que te trata con cariño, calmado y con una sonrisa permanente en la cara mientras trata de complacerte y de hacerte reír.

Y piensas: «¿Tal vez ha sido solo esa vez? ¿Tal vez ya está lo malo? Si es que este es él/ella en realidad... Seguro que es así y aquello que pasó fue algo puntual porque tenía un mal día... A todos nos puede pasar...».

Y empiezas a fantasear con que todo irá bien a partir de ahí, con que todo se encauzará correctamente, tal y como tú sueñas que sea. Que la relación será algo... simplemente normal. Sin pretensiones. Lo que todo el mundo quiere...

Pero por mucho que sueñes y por mucha energía que pongas a esos sueños, el equilibrio dura lo que dura, hasta que la otra persona se vuelve a desestabilizar y vuelve a montar uno de sus numeritos totalmente fuera de sí, con conductas incoherentes, reacciones desmedidas y una ira desbocada.

Y si, por lo que sea, llegas a un punto en el que te planteas dejar la relación... ahí viene lo peor. Su desequilibrio se magnifica, te amenaza con hacerse daño, con quitarse la vida o con cualquier locura que se le ocurra. Puede sacar su agresividad y canalizarla hacia cualquier persona o cosa... En fin, que se trata de una situación muy compleja, peligrosa y poco deseable.

Si tienes una relación con una persona que sufre un TLP, debes plantearte seriamente si eso es lo que de verdad quieres para ti y para tu vida. Yo sé que muchas personas ahora están pensando: «Ya, claro, según tú deberíamos dejarlos tirados y seguir con nuestra vida, pero también merecen que alguien les apoye y esté a su lado ¿no?». Me esperaba la pregunta (porque me la han hecho muchas veces en conferencias y auditorios), y por eso voy a darte la respuesta.

En mi opinión, debes preguntarte de qué va la vida para ti. Si sientes que al haberte cruzado con esa persona ya no puedes alejarte porque sabes que está enferma, porque ha sufrido o por lo que sea, y quieres pagar el precio de sufrir también tú el resto de tus días quedándote allí, por mí está bien. No hay ningún problema. Lo importante es que hagas esta toma de conciencia y que tengas claro con quién te quedas, por qué te quedas y qué es lo que te espera tras decidir quedarte. Es decir, que no te autoengañes, por favor. No esperes que un día todo vaya como la seda y que tengas una relación que te aporte paz, equilibrio, tranquilidad y bienestar, porque probablemente no será así.

Depende de ti.

Si la persona que tiene el TLP es tu hijo y ya no sabes qué más hacer, la verdad es que no te queda mucho más que aceptarlo y tratar de seguir con tu vida. Recuerda que aceptar significa dejar de luchar contra ello, dejar de negar que eso te está pasando y de creer que algún día cambiará. Aceptar es tratar de seguir con tu vida, confiando en que seguirá el camino que esté diseñado para él y comprendiendo que tú debes intentar encontrar motivos e ilusiones para seguir con tu vida... Poco más podrás hacer.

TRASTORNO DE PERSONALIDAD ANTISOCIAL

Este es un trastorno de personalidad habitual en aquellas personas que han pasado muchos años en la cárcel, en quienes pertenecen a grupos radicales y violentos en los que han sido muy manipulados psicológicamente o han sufrido lo que comúnmente llamamos un «lavado de cerebro», y también puede darse en personas que proceden de familias disfuncionales o que han sufrido malos tratos o abusos sexuales en la infancia.

En algunas ocasiones se confunde con la psicopatía, aunque no se trata de lo mismo. Esta personalidad tiene una escasa carga genética y es un caso en el que sí que hay unanimidad a la hora de valorarla.

Características de las personas con trastorno de personalidad antisocial

Estas personas tienen unas características comunes:

* **Desprecian** de forma persistente los derechos de los demás.
* **Violan sistemáticamente la ley**. Cometen con frecuencia actos que incluso son motivo de arresto.
* Son personas muy **mentirosas**, engañan continuamente, estafan, abusan de los demás en su propio beneficio o incluso por puro placer.
* **Justifican** y racionalizan sus acciones (piensan: «Se lo merecen por ser unos perdedores»).
* Culpan a la víctima por **ser tonta**.
* Actúan de forma totalmente **impulsiva**, sin planificación alguna. Sin pensar en las consecuencias, pérdidas o desperfectos que eso puede comportar para sí mismas o para su vida.
* Son **imprudentes**. No piensan ni en su propia seguridad ni en la de los demás.
* Son personas **agresivas a las que se provoca fácilmente**. Se ven con frecuencia envueltos en peleas físicas y agresiones a los demás. Son violentos.
* Son personas **irresponsables**. Toman decisiones sin analizar si eso es bueno para ellas y su entorno (por ejemplo, sin pensar si con esa decisión podrán seguir pagando las facturas o dando de comer a sus hijos).
* No sienten culpa, sino **indiferencia**. No se arrepienten de sus acciones ni hay remordimientos tras herir o maltratar a los demás.

Algunas de las características como las dos últimas, son las que, en ocasiones, se pueden confundir con los perfiles psicópatas, aunque no son iguales.

Para un correcto diagnóstico, la persona que está siendo evaluada debe ser mayor de edad y haber mostrado alguna de estas características ya antes de los quince años.

Es un trastorno que se da más en hombres que en mujeres, y se ha visto que con la edad disminuyen sus manifestaciones.

También cabe destacar que a menudo va asociado a un abuso o consumo habitual de sustancias.

Causas del trastorno de personalidad antisocial

* **Genéticas.** Se cree que en estos casos puede haber un funcionamiento anormal del transportador de la serotonina, el responsable de controlar los impulsos. La indiferencia ante el dolor de los demás, ya durante la primera infancia, es también una señal de que existe un claro componente biológico. Por otro lado, se ha visto que se da con mucha más frecuencia en quienes tienen familiares de primer grado que también padecen el trastorno.
* **Ambientales.** El riesgo de desarrollar este trastorno se incrementa también en niños adoptados o que han sufrido abusos o malos tratos durante la infancia, así como en casos de niños cuyos padres les han descuidado o han sido inconsistentes en la disciplina o en el estilo de crianza.

¿Cómo se puede ayudar a alguien con trastorno de personalidad antisocial?

Con un tratamiento psicológico o farmacológico adecuado, la persona que lo padece puede aprender nuevas formas de funcionar y comportarse más adaptativas, pero al no tener conciencia de que haya algo disfuncional en ellos, no acostumbran a pedir ayuda (como sí sucede en algunos casos de TLP). Aun así, de acabar recibiéndola, pueden mejorar, a pesar de que no hay evidencias claras de que ningún tratamiento específico logre estos objetivos de mejora de forma directa.

Lo que se busca con estos tratamientos (que suelen basarse en terapia cognitivo-conductual, en fármacos o en ambas cosas a la vez) es, básicamente, reducir las consecuencias negativas a nivel legal y de autolesión derivadas de sus conductas impulsivas e imprudentes.

TENGO UNA RELACIÓN CON ALGUIEN CON TRASTORNO ANTISOCIAL

Si te encuentras en una relación con alguien que sufre este trastorno de personalidad y tu deseo es construir una relación sana y que te aporte bienestar y crecimiento, no estás con la persona adecuada. Seguir a su lado implicará convertirte en su padre/madre, acabar solucionando todos los líos en los que se meta, apagar fuegos, pagar multas y mantenerlo o cuidarlo cuando lo necesite.

Si esto es lo que quieres, lo que te complace o lo que te hace sentir realizad@ en una relación, fantástico. Si no, tal vez no hayas elegido a la persona correcta para ti y deberías plantearte dejar la relación.

EL CASO DE LUCÍA

Lucía tenía la sensación de que se sentía atraída por perfiles de hombres con problemas. Su familia era de clase media alta y ella había crecido en un entorno sin ninguna carencia material ni emocional. Aparentemente, su historia era bonita, rodeada de amor y bienestar. Ni a ella ni a su hermana les faltó nunca de nada, y sus padres tenían una relación bastante sana. Con sus cosas, pero sana.

Su última relación había sido con un chico muy problemático, enganchadísimo a la marihuana, que no trabajaba, que solo mentía y que vivía del dinero de ella. Su familia estaba desesperada porque ella no podía cortarlo. Al final lo consiguió.

Pasaron unos meses y conoció a Aaron en el gimnasio. Era un chico fuerte que cada día estaba entrenando solo, con las pesas. A ella ese perfil de hombre musculoso le atraía. Tenía la idea de que si entrenaba de esa forma, tenía que ser alguien muy sano.

Empezaron a hablar y a los pocos días quedaron para ir a tomar algo y enseguida empezaron a salir. Trabajaba llevando una máquina para una empresa de excavaciones del pueblo vecino. Hacía deporte, trabajaba, se le veía entregado... Lucía empezó a caer en las redes del enamoramiento al ver que era mucho mejor que el anterior.

No pasaron ni dos meses cuando, una noche, ella entró en el baño de su casa y vio que había unos polvos blancos en la repisa. Ella no entendía de drogas, pero se asustó muchísimo. Le preguntó qué era, intentando que no se le notara su asombro, incluso haciendo broma, y él, al no sentirse juzgado, admitió que era cocaína. Que le gustaba consumir un par de veces a la semana para disfrutar más... Ella no le dijo nada. Pensó que no quería hacer de madre otra vez y que luego él, para no ser juzgado, se lo escondiera.

Otro día, en un restaurante, sin saber cómo ni por qué, por alguna tontería acabó enfadado con el camarero, casi gritándole y montando un numerito en el restaurante, con lo que ella pasó bastante vergüenza. Al salir, ella trató de hacerle ver que no tenía razón y él se puso aún más agresivo. Había bebido un poco y, enfadado de aquel modo, al ponerse al volante empezó a acelerar como un loco. Ella se asustó mucho, con lo que él iba acelerando aún más. Lucía acabó incluso llorando del miedo que sentía. Creía que iba a morir. Por suerte, de repente les empezó a seguir una sirena. Era la policía. Cuando le pidieron la documentación, él empezó a enfrentarse con ellos, y al final ella acabó descubriendo que incluso tenía antecedentes y que había pasado dos noches en el calabozo.

Tras aquel suceso, ella lo pasó muy mal porque se dio cuenta de que había vuelto a equivocarse en la elección. Sin embargo, eso no significaba que le fuera fácil pasar página. Al cabo de unas semanas, él regresó con unos billetes para ir a Australia, porque sabía que era un sueño que ella tenía desde hacía años. Eran dos billetes en primera clase y a ella le extrañó porque sabía que él no se lo podía permitir. Entonces le explicó que estaba harto de trabajar en esa empresa y que se enfrentó con su jefe adrede para que lo echaran, y así fue. Tuvieron que indemnizarle por los ocho años que llevaba trabajando allí y con el dinero se compró los billetes. Es decir, se gastó todos sus ahorros.

Ella se asustó aún más. Por un lado pensaba que era lo más bonito que le habían hecho nunca, pero, por otro, era lo más descerebrado que había escuchado jamás.

Por suerte pidió ayuda y reconstruimos su autoestima. También realizamos una labor de psicoeducación para que aprendiera a identificar los perfiles que, aunque tenían alguna característica concreta que le atraía, no encajaban para nada con el tipo de relación que ella quería construir a nivel de pareja.

PSICOPATÍA O TRASTORNO DE PERSONALIDAD PSICOPÁTICA

Me parece increíble que la psicopatía siga hoy sin estar incluida en las clasificaciones psiquiátricas actuales, a pesar de ser un problema con una altísima heredabilidad genética y que cuenta tanto con anomalías anatómicas como con alteraciones funcionales cerebrales específicas. Es cierto que en ocasiones se ha incluido en el grupo de trastornos psiquiátricos, aunque nunca de manera unánime ni permanente. Aun así y a pesar de esta falta de consenso, se ha demostrado que se trata de casos en los que hay una **enorme carga genética** y que **no tiene por qué haber una familia disfuncional** de base que la provoque.

Quien sufre una psicopatía, por lo general, ya lo muestra desde la primera infancia: niños que maltratan a otros de forma muy cruel y despiadada (*bullying*), o niños que tienen conductas claramente sádicas con los animales sin ningún tipo de remordimiento.

Se observa que, en ellos, las áreas del cerebro responsables de la regulación de las emociones y el control de los impulsos no se han desarrollado correctamente. Es como si hubiera una desconexión entre sus emociones y la agresividad. Pueden estar observando unas imágenes de lo más hirientes y quedarse totalmente impasibles, sin sentir nada en absoluto.

Estoy convencida de que si incluyeran la psicopatía con el resto de los trastornos, seguramente se destinarían más esfuerzos a nivel económico para la investigación, con el objetivo de descubrir cómo ayudar a controlar estos perfiles y evitar así que los daños que provocan en sus víctimas sean tan profundos.

Algunos profesionales los consideran personas enfermas por su sintomatología a nivel clínico, y otros los consideran simplemente personas malvadas. Yo, la verdad, creo que si bien esa parte «malvada» está en ellos y puede apreciarse con bastante claridad, se trata de algo motivado por la enfermedad que padecen.

Características del trastorno de personalidad psicopática

* Son personas que muestran una clara dificultad para empatizar con el dolor ajeno.
* Les resulta imposible comprender tanto las emociones propias como las de los demás.
* Son conscientes de lo que hacen.
* Son personas extremadamente frías e incapaces de establecer relaciones de apego, por lo que su estilo de relación con los demás siempre es artificial, distante y carente de empatía.
* Siempre ven en el otro a alguien que utilizarán para satisfacer sus propias necesidades, y a eso les ayuda que a nivel psicológico, tienen una gran capacidad para reconocer la vulnerabilidad ajena. Esto les permite hacer daño a los demás y aprovecharse de ellos si les conviene. Es como una especie de «empatía perversa».
* Aprovecharse y explotar a los demás es su principal *modus operandi*. Para ello, despliegan un considerable reper-

torio de buenos modales e inteligencia, de armas de seducción y manipulación dignas de un verdadero experto en el tema.

* Pueden ser carismáticos y muy persuasivos. Engañan usando sus capacidades e incluso son capaces de imitar sentimientos para parecer «normales» ante los demás.
* No entienden de moral. Mienten, abusan, roban, lastiman e incluso pueden matar sin culpa alguna, aunque si les hace falta, interpretarán las mejores actuaciones para que parezca que están destrozados, evitando así ser descubiertos.
* Se quedan impasibles ante escenas violentas que a cualquiera nos pondrían los pelos de punta. No sienten ni reaccionan.
* Al igual que ocurre en el perfil antisocial, estas personas nunca tienen sentimientos de culpa, independientemente del daño que hayan causado. Pero a diferencia de los anteriores, los psicópatas realizan sus conductas delictivas de forma calculada y planificada, reduciendo así al máximo el riesgo de ser descubiertos y detenidos. No acostumbran a acabar en la cárcel, como sí les suele ocurrir a los antisociales.
* Los daños que acostumbran a producir en sus víctimas suelen ser devastadores.

RELACIÓN CON UN PSICÓPATA

Es complicado definir cómo es la relación con un psicópata. En primer lugar, porque un psicópata no vendrá a la consulta de un psicólogo y, en segundo lugar, porque en función de cómo lo definan sus parejas (que sí acuden a pedir ayuda) puede confundirse con otro de los trastornos de personalidad. Las diferentes alteraciones de las que estamos hablando tienen rasgos muy parecidos y comunes, y en ocasiones se necesita conocer la historia del propio enfermo para llegar a determinadas conclusiones.

Pero lo que sí está claro es que la persona que vive al lado de alguien que sufre una psicopatía, o que se relaciona con él o ella aunque no sea a nivel de pareja, tarde o temprano se da cuenta de la frialdad con la que resuelve determinadas situaciones, de la inmutabilidad ante determinados hechos que a cualquiera le parecerían de lo más crueles y de su capacidad para actuar de forma calculada y perversa para conseguir sus objetivos.

Si alguien le molesta, el psicópata es capaz de apartarlo sin ningún tipo de escrúpulo ni miramiento. Si se siente traicionado, puede llegar a atravesar límites que uno jamás imaginaría hasta lograr satisfacer su impulso de venganza.

Cuando alguien que padece una psicopatía tiene un objetivo en mente, solo verá ese objetivo. Es como que ya no puede ver nada más; todo se centra en su meta, sea del tipo que sea, y el resto carece de total importancia. Ni siquiera va a evaluar lo que tiene que hacer para llegar allí, ni mucho menos las consecuencias que su trayecto hasta alcan-

zar la meta puedan suponer para los demás. Le da igual a quién vaya a pisar, a quién pueda dañar y a quién tenga que manipular, utilizar o engañar para conseguirlo. No le importará a quién tenga que quitar de en medio. Eso es algo que ni siquiera se detendrá a analizar. No tiene importancia alguna para el psicópata.

Evidentemente, para la persona que está al lado, o con quien tiene algún tipo de relación, sea la que sea, se trata de un vínculo muy complicado que difícilmente llegará a entender. La falta absoluta de empatía, la inexistencia de compasión pueden crear mucha frustración y mucha impotencia en quien se esfuerza para que el psicópata vea o entienda que su actuación no es la más acertada. Solo en determinados momentos en los que el psicópata considere que debe transmitirle al otro que le entiende (porque lo necesita para obtener su objetivo), actuará de forma totalmente convincente, de la forma que el otro espera o necesita, creando así en la otra persona una ligera sensación de alivio y de victoria por haberlo conseguido. En los actos y las palabras de un psicópata no hay nada más que una escenificación brillante del personaje que tiene claro que necesita representar en ese momento para lograr en ti la reacción exacta que ha obtenido.

TRASTORNO DE PERSONALIDAD NARCISISTA

Se calcula que casi el 20% de la población sufre un trastorno de personalidad narcisista, aunque, a juzgar por las demandas que recibimos tanto a través de las redes sociales como en nuestros centros de psicología, estoy convencida de que el porcentaje de narcisistas es muchísimo más elevado.

Se trata de un trastorno más común en hombres que en mujeres, ya que casi el 70% de los casos diagnosticados son hombres. Pero, como siempre digo, eso no significa que no haya mujeres que tengan este tipo de personalidad dañada y destruyan de la misma forma a quien tienen al lado. Muchos de los casos a los que ayudamos son hombres víctimas de un maltrato ocasionado por mujeres que encajan con este grupo.

Soy consciente de que estás deseando que te detalle las características que definen estos perfiles narcisistas tan peligrosos, para que seas capaz de identificarlos con mayor rapidez si tienes la desgracia de cruzarte con uno de ellos. Pero antes quiero aclarar un punto que me parece muy importante y necesario: la diferencia entre aquellos que tienen algunas características de la personalidad narcisista y los que tienen un trastorno de personalidad narcisista (los llamados «narcisistas»).

Hace un par de semanas, viendo a través de las redes sociales un programa de televisión en el que se iba a hablar de las personas narcisistas, quedé totalmente estupefacta. Apareció una psicóloga que, entre risas y bromas, empezó a hablar de las maravillas y de todo lo positivo de ser narcisista, afirmando que «necesitamos más personas narcisistas sanas» (como si eso existiera).

Añadió también, como características de lo que ella llamaba «un narcisista sano», el ser buen comunicador o poseer un discurso capaz de atraer la atención de la gente, tener «la empatía justa» o ser alguien «polémico y capaz de decir lo que piensa para marcar la diferencia». En definitiva, eso a lo que ella llamaba «narcisismo sano», analizado de manera muy superficial, no son más que señales de una persona con una buena autoestima, con objetivos, con seguridad y con capacidad para controlar sus emociones. Nada más. Ni narcisismo ni narcisisma.

Y digo esto porque a diario vemos en nuestros centros las devastadoras consecuencias de tener una relación con alguien que tiene una personalidad narcisista. Y solo con escuchar el término «narcisismo sano» se pone de manifiesto el desconocimiento total y absoluto que tienen algunos «profesionales», y sus ganas de encontrar algún mensaje que llame la atención, a cualquier coste.

Tener una personalidad narcisista no es algo ni sano ni bueno. Ni se deberían hacer bromas con ello. Puede ser que alguien no tenga un trastorno de personalidad narcisista, sino solamente una o varias características de estos perfiles. Pero aunque así sea, y aunque no se trate de una persona dañina para los demás, como podrás comprobar a continuación, estas características no son ni buenas ni positivas para nadie.

Igual en alguna ocasión has escuchado eso de que para ocupar determinados cargos en algunas empresas se requiere que uno sea un poco déspota y que actúe sin miramientos o sin compasión. Es cierto, pero de ahí a pensar que ser así es algo sano o bueno creo que hay una larga distancia.

Las personas con rasgos de personalidad narcisista suelen estar siempre muy centradas en sí mismas y tienen poco o nada en cuenta a los demás. Lo que a estos les ocurra, el sufrimiento que experimenten o las consecuencias que sus actos puedan tener en los otros, es algo en lo que no acostumbran a pensar. No les preocupa ni lo consideran importante.

EL CASO DE RAÚL

Recuerdo el caso de Raúl, uno de los directivos del departamento de marketing de una reconocida marca de ropa deportiva. Vino a verme después de fracasar en tres relaciones de pareja sucesivas, en las que las tres mujeres le dejaron por el mismo motivo: «no soportaban su ego». Así se lo habían comunicado las tres.

Al darse cuenta de que su historia se repetía una y otra vez, y de que no era capaz de lograr que ninguna relación le durara más de un año y medio, llegó a la conclusión de que debía de tener algún problema.

El hecho de que uno mismo llegue a esta conclusión ya dice mucho de la capacidad de autoanálisis que tiene. De que hay, por lo menos, un mínimo de conciencia de que «puede haber algo en mí que está mal o que debo revisar», de que «quizás no soy perfecto»... Aunque es cierto que, en estos casos, es difícil que se lo lleguen a creer de verdad. Pero la cuestión es que ahí estaba, sentado en el sillón de mi consulta, dispuesto a intentarlo. Y el hecho de que él hubiera venido por iniciativa propia, sin que nadie jamás se lo hubiera recomendado o impuesto, también abría la puerta a la posibilidad de alguna mejora.

Enseguida me di cuenta de que la autoimagen y el autoconcepto que tenía de sí mismo era el de alguien que está claramente por encima de los demás. O así es como él se mostraba. Pero a pesar de que él mismo quería creerse que era así, a mí no me engañaba. Podía ver con una total nitidez la enorme inseguridad que habitaba detrás de esa fachada pintada de grandeza.

Por un lado, Raúl no entendía por qué le dejaban, teniendo en cuenta el increíble candidato que era. Por otro lado, la realidad le daba una información que no podía ignorar.

Muy pronto tomó conciencia de que en su casa le habían repetido por activa y por pasiva que era el mejor en todo, en el deporte, en la clase, entre su grupo de amigos y allá adonde fuera. La sobreprotección y el exceso de reconocimiento que recibió por parte de sus padres hizo que fuera construyendo una autoimagen de superioridad respecto a los demás, que se acababa confirmando con los resultados que obtenía. Era hijo único y la forma en la que le educaron le perjudicó de por vida.

Él tenía la certeza absoluta de que los demás eran menos que él. Los veía así y lo sentía así. Por mucho que tratara de cuestionarlo, era una creencia tan arraigada en él que cuando se sentía acorralado ante mis preguntas, se reía como tratando de hacerme sentir que era yo quien no me enteraba de nada.

Es decir, en las sesiones vio cosas y tomó conciencia de ciertos aspectos de su historia que habían repercutido en él y en su personalidad, pero no estaba lo suficientemente abierto a cambiar sus creencias distorsionadas. Esas que le acababan causando tantos problemas en las relaciones con los demás.

Y es que en los perfiles de este tipo, con rasgos narcisistas, el hecho de hacerles cambiar determinadas creencias pueden hacerles sentir como que les empujas a renunciar a su propia identidad, a lo que les da la verdadera fuerza y el valor que les define. Aceptar que puede que haya otros que sean tan buenos como ellos, o incluso más, les llevaría a tener que cuestionarse y a sentirse profundamente inseguros. Y, claro, eso haría tambalear toda la estructura sobre la que se han construido a sí mismos.

Sentirte así, incluso si es algo de lo que te has autoconvencido y en alguna parte de tu interior sabes que puede no ser cierto (aunque no te atrevas a mirarlo, por si acaso), puede beneficiarte a la hora de conseguir determinados objetivos porque no te frena ni invalida la compasión hacia los demás. Pero hay que ser consciente de que somos sociales y vivimos relacionándonos los unos con los otros, así que tener rasgos narcisistas nos traerá a la larga más problemas que bendiciones.

Raúl dejó de venir después de unas cuatro sesiones. No le gustó lo que veía, lo que yo le decía y hacia dónde le llevaba. Sé que vio muchas cosas de las que antes no era consciente y que, probablemente, le hicieron pensar en sí mismo y en su forma de actuar.

Pero no estaba dispuesto a invertir el esfuerzo que significaba adentrarse en sus miedos ni a tener que enfrentarse a la inseguridad de darse cuenta de que no era mejor que los demás.

CAPÍTULO 4

El NARCISISTA

Por ser un tema tan importante, tan frecuente y que tanto hace sufrir a infinidad de personas, quiero dedicar un capítulo mucho más extenso al perfil narcisista en exclusiva. Forma parte de los trastornos de personalidad de los que te estaba hablando, pero quiero que nos centremos y profundicemos mucho más en este.

A continuación veremos cuáles son las características y los síntomas de estos perfiles, la causa de su trastorno, los tipos de narcisistas más frecuentes que existen, si hay probabilidad de que cambien, cómo eligen a sus víctimas, cómo las seducen, cuáles son sus estrategias para poder detectarlas, cómo cortar la relación con ellos, qué hacer o qué esperar si tenemos hijos en común y, lo más importante, cómo recuperarnos y reconstruirnos después de todo el daño que causan a quienes se relacionan con ellos.

CARACTERÍSTICAS DEL NARCISISMO

A diferencia de los psicópatas, los narcisistas sí que pueden sentir emociones y mostrarlas. Podemos verles eufóricos, ansiosos, deprimidos, etc., en función de lo que ocurra a su alrededor. Suelen ser personas sádicas y que no tienen problema en hacer daño a otros. Es más, esto les hace sentir más poderosos, más fuertes, les hace creer que tienen el control sobre los demás.

Acostumbran a tener miedo al fracaso, al rechazo y a que no les consideren lo suficientemente buenos en lo que hacen. En otras palabras, son personas con claros problemas de autoestima que abusan y empequeñecen a los demás, no por puro placer, sino para sentirse un poquito mejor consigo mismos.

Si les molesta algo que has hecho o consideran que te has portado mal con ellos, o peor aún, si te has atrevido a dejarlos en evidencia ante la sociedad (por ejemplo, denunciándolos por algo que han hecho), prepárate porque no van a descansar hasta que pagues por ello. No tardarán en dejarte mal de forma pública, incluso mintiendo sobre ti en los medios de comunicación, exigiendo que repares el daño que has causado. Si lo ven necesario, se sienten comodísimos tanto en el rol de justicieros como haciéndose pasar por víctimas. Son unos actores de primer nivel.

Estos son los rasgos que los caracterizan:

- Tienen un sentimiento de merecimiento excesivo.
- Se creen y sienten todopoderosos y omnipotentes.
- Son capaces de violar los límites de los demás.
- Tratan con desprecio, vulnerando la dignidad de las otras personas.
- Son infieles. Muchas veces tienen más de una relación, ya que necesitan sentirse que dominan a las mujeres, que son capaces de engañarlas, manipularlas, utilizarlas y reírse de ellas.
- A menudo incluso recurren a la prostitución.

- Si el narcisista es una mujer, humilla al hombre, haciéndole sentir débil, poco masculino, hundiéndolo en la más absoluta sensación de insignificancia.
- Crean celos. Te hacen sentir que estás paranoic@, que estás loc@, y al mismo tiempo van dejando pistas para alimentar tu inseguridad y tu creciente locura.
- Te amenazan con que si no te portas como esperan o no haces lo que quieren, te van a dejar por alguien más que tienen comiendo de su mano. Así se venden a sí mismos muchas veces.
- Te hace sentir que no sirves, que no vales, que no eres capaz de nada. Que tienes suerte de tenerles a tu lado para solucionarte todo y arreglar los problemas porque tú solit@ serías un desastre.
- Te quitan libertad, controlan tu economía, quieren que dejes de trabajar, te dicen cómo tienes que vestir y con quién puedes ir, adónde y cuándo. Al final, acabas encerrad@ en casa sintiéndote cada vez peor.
- Disponen todos los ingresos y bienes materiales de forma que tú no tengas nada y te conviertas en alguien que los necesita para todo. Dependes de él/ella absolutamente en todos niveles.
- Te ponen en contra y te apartan de todo aquel que te quiere: de tu familia, de tus amigos de verdad, de cualquiera que detecten como un posible peligro. Porque de descubrir sus estrategias, estos tratarán de abrirte los ojos para que los dejes. Se convierten en su mayor enemigo. Empezarán a decirte que ese amigo o familiar les tiene manía, que es una mala persona, que es una mala influencia para ti. Ese aislamiento es algo gradual. Lo que ocurre es que las primeras veces, cuando quedes con esa persona, te pondrá mala cara o incluso se enfadará. Luego querrás volver a quedar y te dará cosa decírselo porque no quieres otro enfrentamiento. Si se lo dices, tendrás

un conflicto y te hará sentir mal. Tal vez optes por esconderlo y no decírselo, pero también te sentirás mal porque si lo descubre, el castigo será mucho peor. Al final, para evitar todo esto, decidirás poner excusas cuando alguien te reclame o te proponga algún plan y dejarás de ir y de quedar. Al final, puede que ya ni te avisen porque llegan a la conclusión de que no quieres quedar más. No entenderán qué te ocurre, y no todo el mundo tiene la capacidad de ver lo que estás viviendo. Y aunque alguien lo vea y trate de hacértelo ver, si tú no estás preparad@ para escucharlo y hacerle frente, de poco servirá.

- Suelen ser personas con estudios, con una o varias carreras, con un nivel intelectual alto que les ha permitido llegar muy lejos profesionalmente. Pueden ser muy reconocidos por su colectivo.
- De puertas hacia fuera, nadie que no les conozca muy de cerca intuiría nunca su verdadera personalidad. Se muestran amables, sociables, serviciales y atentos. Son auténticos genios del espectáculo cotidiano, verdaderos actores del más alto nivel capaces de engañar a cualquiera.
- Utilizan el goteo destructivo intermitente. Es cierto que, como ya he comentado, a veces estos seres realizan un arduo trabajo teatral, y te será muy difícil detectar sus estrategias más perversas por controlar tu vida y tu psique por completo. En ocasiones, pasas un primer período de la relación en el que todo te parece de color de rosa, idílico y totalmente de película, y luego, un día, de repente, ¡chas! Llega el cambio, la transformación, la cruel sorpresa de su verdadera identidad.

Pero creo que lo más frecuente es que, aunque puede que no seamos plenamente conscientes de ello, la persona narcisista no puede evitar mostrarnos detalles de su personalidad. Por mucho teatro y mucha interpretación, la realidad es que uno no puede dejar de ser quien es por completo y todo el tiempo. El tema está en si somos o no capaces de identificarlo y detectarlo desde el primer momento, aunque, a decir verdad, es muy difícil lograrlo. Es difícil porque va soltando comentarios muy sutiles (aunque no poco crueles) de vez en cuando, puede que de la mano de una sonrisa o envueltos en un halo de aparente amor, o de «lo hago por tu bien» o «te lo digo porque te quiero».

Los comentarios que utilizan con frecuencia son del estilo de estos:

- «¿No irás a salir con esta falda, ¿no?»
- «¿Adónde vas con esta ropa? Ya te estás quitando esto. ¿Qué quieres que piensen de ti?»
- «¿Con esas vas? Tendríais que crear el club de las feas... ja, ja, ja... Madre mía, vaya tres.»
- «Cariño, tú mejor no digas nada, déjame hablar a mí, que no quiero que metas la pata como siempre, y así nos aseguramos que nos sale bien.»
- «Deja, deja, que a ti esto no se te da bien. Ya lo hago yo. Anda, aparta.»
- «Ayyyy, qué tontita eres, de verdad. Mira que no saber ni eso... ¿¡Qué harías sin mí!? ¿Tú eres consciente de la suerte que has tenido al encontrarme?»
- «¿Ya has hablado con tu madre? ¿Y qué, ya te ha metido mierda contra mí? No me gusta que hables tanto con ella, no me puede ver y te mete cosas malas en la cabeza.»
- «Mira, a partir de ahora ya administraré yo todo el dinero porque así todo estará más controlado. Cuando quieras algo me lo pides, ¿vale?»
- «Firma estos papeles. Así les das permiso a los del banco para que ante cualquier cambio me llamen a mí directamente, que como tú no entiendes nada de todo esto, así iremos más rápido y yo lo gestionaré.»

- Con los amigos: «No, cariño, lo que Juan quiere decir es que no le sale a cuenta... Ayyy, es que no se entera de nada de estos temas. Mi pequeña ignorante... ¡¡Ayyyy!!»
- «Estás malcriando a nuestros hijos. Debes ser más severa con los castigos. Mejor enciérralos toda la tarde en la habitación a oscuras y así verás cómo aprenden.»
- «¿Ahora tienes que salir? ¿Y adónde vas con esa?»
- «Madre mía, cómo te estás poniendo, ¿eh? Te está quedando un culo deformado que no sé yo... A ver si pronto no vas a pasar por las puertas... Esto te queda fatal, ¿no lo ves?»
- «Creo que estás perdiendo facultades. Esta sopa no vale nada. ¿Es que no la pruebas antes de dármela? Deja, deja, ya me voy al bistró de abajo, que allí por lo menos saben cocinar bien.»
- «¿Se puede saber qué haces todo el día? La casa está sucia, mi ropa no está lavada y encima esta mierda para comer... ¿Qué es lo que está pasando? ¿Yo aquí matándome a trabajar y tú sin dar pie con bola.»
- «¿Cómo se ha puesto de buena tu hermana, ¿no? Madre mía, cómo está...»
- «¿Juan? Dime, dime... Ah, no, no, no pasa nada. Estoy con mi mujer, pero esta no se entera de nada. Ya me lo puedes contar sin problema... ja, ja, ja.»

Todo este tipo de mensajes se van intercalando con otros que son claramente opuestos:

- «No te atrevas a dejarme nunca, por favor... Sin ti no sé qué haría.»
- «Eres lo mejor que me ha pasado en la vida.»
- «Si yo solo tengo ojos para ti, ¿acaso no lo ves?»
- «Os presento a Nieves, ¡lo más bonito que ha creado el universo!»

- «Claro que me he acordado de tu regalo, ¡si lo mereces todo!»
- Después de una discusión muy fuerte que te ha dejado totalmente destrozada, te vienen con un detalle de algo que saben que te encanta (un viaje, una joya, una cena, un bolso...). Saben muy bien cómo volverte a camelar en un minuto...

CAUSAS DEL NARCISISMO

¿Por qué las personas narcisistas son así? ¿Por qué se comportan de ese modo con los demás? ¿Qué las ha llevado a convertirse en lo que son?

El narcisismo es un tipo de personalidad que se construye en la infancia como resultado de la mezcla de determinadas características genéticas unidas a unas ciertas vivencias en el entorno. Factores como carencias afectivas, menosprecios constantes, humillaciones, desaprobación y también la sobrevaloración pueden llevar al niño a adquirir una personalidad narcisista a partir de la adolescencia.

La infancia nos marca a todos, nos moldea y nos condiciona. Es una etapa en la que vamos quedando programados con aquello que vemos, aquello que nos hacen, aquello que nos enseñan, la forma en la que nos tratan y aquello que nos hacen sentir y sufrir. **Cada experiencia, cada vivencia, cada sentimiento va moldeando el ser en quien nos convertiremos el día de mañana, y las heridas que queden en nosotros sin ser curadas nos pueden condicionar para siempre.**

Una infancia tóxica es determinante. Y esto no quiere decir que todo aquel que haya tenido una mala infancia (con padres tóxicos o situaciones tóxicas) vaya a tener, el día de mañana, un perfil narcisista o problemas psicológicos. Para nada. Aquí también influye la parte genética de cada uno y la capacidad de resiliencia innata.

Las experiencias que más nos pueden dañar y hacer que desarrollemos una personalidad narcisista suelen ser las siguientes:

* Niños que han sido **abusados y dañados brutalmente**. Víctimas de abusos sexuales, físicos o psicológicos, de malos tratos, de desprecios, de vejaciones o de humillaciones constantes. Hay momentos que son determinantes en el desarrollo de un ser humano y si este queda dañado justo en esa etapa, las consecuencias pueden ser irreversibles.

  También niños que han vivido escenas de violencia extrema en su entorno, ya sea entre los padres o con otras personas.

  Para su correcto desarrollo, el niño necesita crear un estilo de apego seguro. Esto se consigue cuando logra sentir (a través de la relación con sus padres y lo que estos le demuestran y transmiten) que los demás son buenos, que se puede confiar en ellos y que el mundo es un lugar seguro. Si, por el contrario, crecen sintiendo que esto no es así, que su entorno es un lugar hostil, lleno de peligros, amenazas y maldad, eso hace que no desarrollen su capacidad para crear un apego sano y seguro que les permitirá crear relaciones funcionales. Por el contrario, para poder sobrevivir en este entorno tan oscuro se convierten en seres manipuladores, violentos, abusadores y perversos, para así ir por delante y evitar sufrir los daños producidos por los demás.

  Si por cómo le trata su padre o madre, el niño siente que esa persona que debería protegerle es su enemigo porque le daña, abusa o es el causante principal de su sufrimiento, las conclusiones que va sacando pueden marcarle de forma devastadora y para el resto de su vida.

* Niños que han sido **sobreprotegidos** a un nivel claramente exagerado y excesivo. Hay padres que están obsesionados con sus hijos. Que les dan todo lo que piden, que les adulan constantemente, haciéndolos sentir que son los mejores y que están por encima de los demás, que merecen más que el resto. Lejos de cultivar en sus hijos unos valores de respeto, bondad y compasión, alimentan un ego enfermizo que hace que estos niños acaben por no ser capaces de ver más allá de sí mismos. No les importan lo más mínimo los demás, ni mucho menos las necesidades que estos puedan tener. Crecen asumiendo la certeza de que están por encima del resto, de que son mejores, más capacitados, más atractivos, más inteligentes, más merecedores, y conectan con un caro sentimiento de desprecio y desvalorización ajenas.

  Y si, además, estos niños han crecido en un ambiente de muchísima riqueza material en el que no ven impedimento alguno para conseguir lo que quieren, y no han aprendido que a veces las cosas no salen como uno quiere, sino que sienten que todo el mundo está a sus pies y que con solo pedir algo ya lo tienen, no tendrán ninguna habilidad para gestionar la frustración, los reveses inesperados e indeseados de la vida, las negativas de terceras personas o sus propias limitaciones.

  Y si el día de mañana no pueden mantener el mismo estatus o las circunstancias cambian para ellos, son capaces de hacer lo que haga falta para preservar su imagen de grandiosidad y éxito arrollador.

  Cuando no se les ha educado poniendo límites, sino que se les ha permitido todo, pueden sufrir heridas prácticamente imposibles de sanar el día de mañana.

Quiero remarcar tres cosas:

* **Que hayamos vivido o crecido en un escenario así no implica que sí o sí vayamos a convertirnos en perfiles narcisistas.** Si bien es cierto que podemos observar que los perfiles con estas características suelen haber crecido en entornos de este tipo y se han nutrido de experiencias tóxicas como las descritas, también es verdad que hay numerosos casos en los que se demuestra que, aunque hayan experimentado vivencias igual de graves, no desarrollan esta personalidad, sino que, por el contrario, mantienen la salud mental y emocional por completo.
* En realidad, **no debería importarnos en absoluto el motivo** o la causa que lleva a estos perfiles a ser personas que están dañadas a nivel psicológico y emocional, ni tampoco aquello que han vivido y que les ha convertido en los seres tan tóxicos que son a día de hoy. Es decir, si nos importa, debe ser únicamente para poder comprender cómo un ser humano se convierte en alguien tan dañino para los demás a todos niveles, pero ya está. En ningún caso deberíamos quedarnos ahí obsesionados, buscando más y más para tratar de entenderlos (y mucho menos para intentar cambiarlos o ayudarlos) porque esto nos puede colocar en un terreno peligroso que nos puede confundir, llevar a empatizar demasiado e incluso volver a caer en sus redes.
* Por último, en caso de indagar y tratar de comprender, debemos tener muy claro que el hecho de saber lo que ha vivido esa persona en su infancia, por duras que sean las experiencias, eso **no le exime de culpa ni debería llevarnos a compadecernos de él/ella** hasta el punto de decidir seguir a su lado por pena.

¡JAMÁS! Jamás deberíamos tolerar, ni permitir, ni dejar pasar ningún atisbo de ese tipo de tratos. Por mucho que «parezca» que se arrepienten, que pataleen, que lloren o que se tiren de los pelos mientras interpretan su mejor papel. ¡Jamás deberíamos estar al lado de alguien con este perfil!

TIPOS DE NARCISISMO

Estos son algunos tipos de narcisismo.

Narcisistas pasivo-agresivos encubiertos

Es cierto que algunos de los perfiles narcisistas más peligrosos tienen algo en su mirada que, al observarlos, te hace estremecer por dentro. Es como que algo en tu interior te dice: «Uf, no sé qué es, pero no me gusta». A veces pasa según el perfil o según quien los observe. Puede ser que, al mirarlos, alguien sienta ese punto de rechazo, pero la mayoría de las personas, al lidiar con ellos, lo más probable es que queden totalmente atrapadas en sus trampas más maquiavélicas, sin que exista un atisbo de conciencia al respecto.

Aunque en ciertas ocasiones haya muchas personas que puedan sentir ese claro nivel de repelús, lo que suele ocurrir no es esto. Lo más frecuente es que estos perfiles tengan dos caras claramente diferenciadas. Son los narcisistas pasivo-agresivos encubiertos.

Estos son, sin duda, los perfiles más peligrosos. La gente de tu entorno no es capaz de identificarlos y tú, que eres su pareja, tampoco. Se aseguran de que durante la primera etapa de la relación todo sea perfecto. Son empáticos, cuidadores, detallistas. Parece que lo único que quieren es hacerte feliz. Te dan todo lo que siempre has soñado, te prometen aquello que más deseas y, así, poco a poco, vas alimentando un sentimiento de gratitud que no te cabe en el pecho. Piensas en la enorme suerte que has tenido de que esa persona se haya fijado en ti, de tenerle en tu vida, de poder tener una relación con él/ella. Piensas en lo increíblemente afortunad@ que eres... Y es justo ahí, cuando ese sentimiento ya ha echado raíces en ti, cuando empieza lo peor.

Al principio, la descripción que hacen de los narcisistas la mayoría de las víctimas es del tipo: «Son perfectos», «sentía un interés real por su parte por conocerme bien», «era increíble con mis hijos», «me daba mucha seguridad», «era sensible, inteligente, me hacía reír», y un sinfín de incontables cualidades más... Y es que otra característica de esos perfiles es que suelen tener una gran capacidad para convertirse en alguien muy parecido a ti o detectar en ti quién te gustaría que fueran e interpretar justo ese papel con total exactitud.

Pero esta etapa inicial en la que te sientes muy valorad@, se va transformando de forma casi imperceptible en una etapa de clara desvalorización.

De forma muy sutil y encubierta, a través de miradas, reacciones, gestos y comentarios, empiezas a sentir que, independientemente de lo que hagas, de lo que te esfuerces, de lo que te entregues o de lo que luches, jamás serás suficiente para esa persona. Jamás.

El problema viene cuando a la vez que te hace sentir que no tienes ningún valor, te muestra cariño y bondad. Es como que vas interpretando que no te dice esas cosas ni te trata de ese modo para dañarte, sino que lo hace por tu bien, porque te quiere y desea lo mejor para ti. Y esto es lo más peligroso.

Y cuando van pasando los meses, o incluso los años, y tú normalizas esa forma de tratarte de quien supuestamente más amas y más te ama, empiezas a encontrarte mal, empiezas a deprimirte y lo atribuyes a tu forma de ser demasiado sensible, demasiado torpe, demasiado inútil, y jamás lo relacionas con aquello que estás tolerando o permitiendo con tu pareja, porque eso ya lo percibes como totalmente normal.

He visto numerosos casos de personas que están en una relación que ya casi las ha destruido por completo, llevándolas a ideas de suicidio por sentir que son un verdadero estorbo y que no tienen nada bueno que hacer ni que aportar al mundo, y aun así piensan que tienen la relación perfecta. Piensan que son afortunadísimas de tener esa pareja, por lo que aún se sienten peor al tener la certeza de que no están a su altura.

Puedes identificar que están entrando en el juego de la desvalorización cuando la otra persona hace cosas como las siguientes:

* No venir a cenar y no avisarte.
* No decirte con quién ha quedado. O si queda con alguien con quien no te parece bien que quede, hacerte sentir insegur@ por no comprender el motivo de esa cita.
* Organizar algo y luego hacerte sentir mal, como si no quisiera estar allí contigo.
* Castigarte con silencios para que te tortures pensando en qué has hecho mal.
* Decirte que no pasa nada, aunque tú veas claramente que sí le ocurre algo. Pensarás que es por tu culpa.
* Si le pides ayuda, verás que accede, pero se enfada, por lo que decidirás no pedírselo más.
* En las relaciones sexuales, también puede tener conductas o reacciones que vuelvan a la pareja insegura, inadecuada o incapaz de llegar al orgasmo. Y lo peor es que, en

estos casos, rara vez atribuyes tus dificultades a la forma de tratarte de la otra persona.

Y este tipo de conductas se van mezclando con comentarios y acciones disfrazadas de amor, preocupación y cariño hacia ti. Querrás creer que esa es la persona real.

Cuando vives con un narcisista encubierto, lo que ocurre es que, poco a poco, te vas programando para no confiar en ti y para sentir, cada vez de forma más clara, que necesitas a tu pareja para seguir adelante con tu vida.

«Jetas económicos»

Otro perfil con el que también me he encontrado muchas veces durante todos estos años de consulta es el de los que yo llamo «jetas económicos». Son esas personas que lo que quieren claramente es aprovecharse de ti y de tu debilidad hacia ellas. Al ser personas con tanto ego, que a nivel público suelen tener éxito, se aprovechan de que, al enamorarte, estás totalmente cegada por la admiración que te despiertan y por tus ganas de complacerles.

Creo que la mejor manera de explicarte cómo funcionan los que encajan con este grupo es ponerte un ejemplo.

EL CASO DE NATALIA

Sé que hay muchas Natalias por el mundo, pero la verdad es que a ella la recuerdo especialmente bien. Era enfermera y trabajaba en un importante hospital de ciudad. Natalia estaba totalmente enamorada de uno de los médicos para los que trabajaba en su planta. Él era muy reconocido, y poco a poco empezó a flirtear con ella y a mostrarle señales que le indicaban que estaba interesado en ella. Ella no podía ni creer que eso estuviera pasando, hasta que un día él la invitó a cenar. Esa noche, en su primera cita, después de pedir la bebida al camarero, él la miró y tras un largo silencio le dijo algo así como: «Vamos a ver, Natalia, que sepas ya de entrada que como tú hay tres más, pero que, de momento, tú eres la que tiene más puntos».

Tras varios meses a su lado, empezó a hacer sesiones conmigo porque se encontraba cada vez peor y no podía cortar esa historia. Me explicaba que después de que le hiciera ese comentario en esa primera cena, ella sintió ganas de vomitar. No había para menos, la verdad. Pero claro, en vez de levantarse e irse, se quedó. Y cuando hacemos eso ante una falta de respeto de semejante magnitud, le estamos dando mucha información a la otra persona. Y más si es un narcisista perverso como era ese tipo. Ahí él vio que podía hacer con ella lo que le diera la gana.

A los tres meses, él le pidió que, como era su cumpleaños, le regalara un reloj que deseaba muchísimo. Era un reloj que valía 16.000 euros. Ella tenía ahorrados 15.000 y se lo dijo, pero la reacción de él fue hacerle sentir que le había ofendido, ya que si de verdad él le importaba, ella ya buscaría la manera de poder pagarlo. Ella no se lo pensó. Buscó quien le dejara los mil euros que le faltaban y lo compró, quedándose completamente sin ahorros.

Esta fue una, pero después de esta vinieron muchas más del mismo calibre. Y no es que él no tuviera dinero. Tenía dinero, propiedades y unos ingresos mensuales altísimos, pero decidió aprovecharse o reírse de ella de aquel modo. A saber todo lo que les sacaba a las otras.

Soy consciente de que la mayoría de la gente, al leer esto, lo primero que pensará es: «Madre mía, pero cómo puede ser tan tonta esta chica». No. Natalia no era tonta en absoluto. En absoluto. Todo va en función del momento en el que te encuentra esa persona, de cómo estás tú, de lo nublada que te queda la mente al enamorarte de esa persona, de lo idealizada que la tengas, de los argumentos y la capacidad de manipularte que tenga ella, de cómo es tu autoestima y de muchos factores más.

Igual que siempre digo que, a lo largo de nuestra vida, todos podemos quedar atrapados en una relación claramente tóxica, también podemos acabar viviendo situaciones rocambolescas que, si nos las explicaran en otro momento, diríamos: «¿¿Qué??». Pero luego la vida nos cambia cuatro cosas y, sin saber ni cómo ni por qué, nos vemos comiendo de ese plato... Y no se salva ni el apuntador.

He visto también la otra cara de la moneda. Es decir, personas que se encuentran en relaciones aparentemente estables y duraderas. Han construido una familia, tienen hijos, y al observarlos con cierta distancia todos coincidiríamos en que transmiten unión y felicidad. Vamos, ¡la familia perfecta! Cuando estás ahí metido, a menudo no eres consciente de lo que está pasando en realidad. Y es en el momento en el que todo se rompe y despiertas, cuando empiezas a tirar del hilo y cada vez ves con mayor claridad. El abuso, las estafas y todas las estrategias económicas llevadas a cabo a tus espaldas y que claramente te pueden perjudicar o incluso arruinar. Lamentablemente, es algo mucho más común de lo que uno imagina cuando cree que vive una relación perfecta con perfiles de este tipo.

El único antídoto que existe es el aprendizaje y el conocimiento. Y por eso este libro...

Fantasmas fanfarrones

Los perfiles narcisistas son a menudo ostentosos. A muchos de ellos les gusta mostrarle a todo el mundo que están por encima de los demás. Que sus viajes son más especiales, que su vida es más lujosa, que en su trabajo son más exitosos y por eso se pueden permitir muchos caprichos que la gente de su entorno no puede alcanzar. Y es que no es algo meramente superficial. En su foro interno tienen la certeza de que ellos son superiores a los demás, de que están por encima a nivel intelectual y emocional, y por eso tienen claro que pueden hacer con los demás lo que les dé la real gana. Y así es, porque con mucha frecuencia lo consiguen. Aunque también es cierto que lo consiguen porque tienen una alta capacidad para detectar a aquellas personas que están más vulnerables, que pasan por un período complicado, que se sienten inseguras o que tienen claros problemas de autoestima.

Con su arrolladora —aunque solo aparente— seguridad, haciendo gala de forma constante de su deslumbrante intelecto y mostrando a modo de trofeos los reconocimientos obtenidos a nivel profesional, consiguen dejar sin recursos a quien les observa. Y más si se trata de alguien que se siente con pocos recursos, que no es consciente de su clara valía personal y que tiene numerosos miedos e inseguridades.

Ya se encargan ellos mismos de rodearse de personas que no les hagan sombra, a los que puedan dominar, manipular y, si es necesario, menospreciar.

MODUS OPERANDI

¿Cómo hacen los narcisistas para atrapar a sus víctimas?

El proceso siempre suele ser el mismo. Al principio, todo es mágico. Reconocen tus virtudes de forma constante y reiterada. Te hacen sentir el ser más maravilloso sobre la faz de la Tierra y te repiten una y otra vez lo afortunados que son de haberte encontrado. Y, claro, siendo alguien tan exigente, tan poco tolerante, y que te repite una y otra vez que no cree que nadie esté a su altura, el hecho de que te haya elegido a ti y que, además, vea toda esa larga lista de virtudes en tu persona que le llevan a admirarte (o eso parece) y a querer estar contigo... pues, claro, aún te hace sentir más especial, importante y valiosa.

Algunos quizás te hagan vivir un verdadero cuento de hadas, llevándote de viaje a sitios de ensueño o a elegantes restaurantes, o agasajándote con regalos caros y exclusivos. Tú empiezas a imaginar lo que tiene que ser tener una relación con alguien así, ya que lo que vas viendo desde el inicio es de película.

Otros no te hacen vivir nada de todo esto. Por lo menos, no en el plano real. Son los que te explican las proezas e infinitos lujos vividos en su pasado no muy lejano, los viajes y las experiencias, y empiezan a regalarte los oídos con que les encantaría haber vivido eso contigo. Logran así que empieces a fantasear con todo esto. Te describen a la perfección todo lo que haréis en un futuro no muy lejano, todo lo que desean hacer de tu mano, el tipo de vida que tendréis y todo lo que vais a alcanzar. No puedes sentirte más afortunada por haberle encontrado y, aún más, porque se haya fijado en ti y te haya elegido. Lo sientes como todo un regalo de la vida.

Es por este motivo que empiezas a sentir cierto miedo a que se decepcione o se desencante, y a que un día pueda reemplazarte por otra. Por ello, es prioritario para ti hacerle feliz y convertirte en lo que crees que él espera que seas.

Es frecuente que, de repente y sin darte cuenta, te pida que seas tú quien pague ciertos caprichos, pero sin ser algo ecuánime, es decir, no es que él pague unas cosas y tu otras, sino que te encuentras poniendo tú muchísimo más a nivel económico que él. Siempre con alguna excusa u argumento que lo justifica, claro está, pero eso se va repintiendo una y otra vez.

Y todo ello aunque tu situación económica no te lo permita. Lo haces como sea, porque confías en él y quieres que sea feliz.

Y aunque acabes siendo tú quien pone todo el dinero, si lo escuchas hablar ante los demás, se las dará de sobrado. E incluso te puede llegar a humillar o a faltar al respeto con algunos de sus comentarios.

Puede que, en algún momento, tu intuición te muestre ciertos detalles que te llaman la atención, pero decidas no hacerle caso y seguir adelante con todo lo que él te pida. Te encontrarás diciendo que sí a cosas a las que en tu interior sientes claramente que deberías decir que no. Luego, está claro, lo lamentarás, pero ya será tarde y tendrás que lidiar con las consecuencias.

Cuando las personas narcisistas ya sienten que te tienen atrapada, que pueden dominarte, manipularte y mentirte sin compasión, empiezan a herirte y destruirte de una forma aparentemente aislada y sutil, pero realmente sin piedad. La estrategia suele ser la de darte «una de cal y otra de arena», es decir, te critican, te desaprueban y te desprecian con ciertos comentarios y luego, cuando te ven mal y afectada por esos golpes emocionales, te dan algún reconocimiento, te recuerdan que lo hacen por lo mucho que te aman, que solo desean tu bien, que son muy afortunados, y te hacen algún regalo inesperado que tú interpretas como la muestra más clara y evidente del inmenso amor que sienten por ti. Y así se te olvida de un plumazo la crueldad de sus acciones y de las heridas que acaba de provocarte sin ningún tipo de compasión. Por grave que sea se te olvida. Decides quedarte con lo bueno y dejar atrás la macabra experiencia que acabas de atravesar..., aunque, te guste o no, se repetirá cada vez con más frecuencia.

¿Un narcisista puede cambiar?

Esta es, sin ninguna duda, la pregunta del millón. La respuesta también lo es: «NO».

La siguiente pregunta del millón suele ser: «¿Nunca?». Y la respuesta sigue siendo NO.

Llegados a este punto, y ante mi radical negativa, siempre aparecen quienes quieren reivindicar que todos merecemos una oportunidad (obvio), que si uno quiere y busca ayuda, por qué no hay que darle la opción (bueno...) y que todos podemos cambiar (mmmm... respuesta incorrecta). Y digo respuesta incorrecta porque para cambiar se necesitan unos requisitos mínimos.

Normalmente, los que se quejan de mi rotundidad y no están de acuerdo cuando recomiendo alejarse de las personas con este trastorno sin pensarlo dos veces son aquellos que, o bien encajan en este perfil (es decir, son uno de ellos) y por eso no soportan mis palabras, o bien no tienen ni idea de lo que estoy hablando, por lo que su opinión está poco o nada fundamentada. Desconocen lo que es estar con alguien así y opinan sin criterio alguno.

No he conocido ni a una sola persona que haya tenido una relación con una persona narcisista y que considere la opción de darle un poco de margen para ver si cambia. Nadie. Jamás. Y es totalmente comprensible que así sea.

¿Por qué un narcisista no cambia ni cambiará jamás?

Fácil. Porque debido al trastorno que sufren estos sujetos, son incapaces de asumir sus propios errores, de ver y reconocer su forma tan dañina de tratar a los demás, de manipularlos o de destruirles. Tienen su propia versión de los hechos y están dispuestos a todo por defenderla sin importarles el precio. Suceda lo que suceda, ellos tendrán siempre la verdad. No tienen la capacidad de cuestionarse, de mirarse, de analizarse para intentar mejorar.

Aunque en ocasiones digan lo contrario, en el fondo de su ser no sienten que tengan que mejorar en nada. Tienen clarísimo que ningún psicólogo tiene nada que aportarles, y si un día visitan alguno, será por uno de estos motivos:

* Acudirán al psicólogo haciendo gala de su inteligencia y su capacidad de entendimiento de la mente humana,

y dejarán claro que lo hacen por si pueden aportar información relevante al profesional para que ayude a su pareja, que, según ellos, es quien está realmente mal. Siempre es su pareja quien tiene el problema. Entonces van a explicar su versión de los hechos, muy bien construida, y así se aseguran de que el psicólogo no les arruina todo lo que ellos han construido.

* También puede que acudan porque su pareja está decidida a dejar la relación, y como sus escenas de arrepentimiento ya no han tenido suficiente poder, tienen que hacer el paripé aceptando la cita para que su pareja vea que tiene voluntad de hacer lo que haga falta. Incluso ir a un psicólogo.

Y en estos casos siempre acaban inventando algo para desprestigiar al profesional y justificar por qué ellos tenían razón (sabían que no iba a servir para nada). Y así dejan de ir.

Recuerdo que hace un tiempo contactó conmigo una persona a través de las redes sociales. Me envió un mensaje privado en el que me explicaba, de forma muy amable y respetuosa, que ella hacía mucho tiempo que me seguía, que mis libros la habían ayudado mucho y que después de estar pasándolo muy mal en una relación de maltrato psicológico le dijo a su pareja que o iba a hacer terapia para dejar de actuar así o ella cortaba definitivamente la relación. Ante esto, él decidió ir. Le atendió una de las psicólogas de mi equipo, a la que conozco muy bien, sé cómo trabaja y sé cuál es su nivel de rigor y profesionalidad.

Pues bien, en ese mensaje privado, esta chica me escribía para explicarme que él había dejado de ir porque ella se le había insinuado. Que claramente flirteaba con él. Ella me lo comentaba, como digo, con mucha educación, por si yo quería analizar si eso podía estar pasando realmente y para que estuviera informada.

En ningún momento dudé de la psicóloga de mi equipo. Le agradecí mucho la información y luego le hice algunas preguntas sobre el perfil del chico. La había engañado con una mujer reiteradamente durante los tres años de relación. La chica que me escribía tenía una dependencia emocional muy fuerte con él y no lograba cortar por mucho que sufriera. Él, perverso y narcisista, lo sabía y lo utilizaba para humillarla y controlarla aún más. La hacía sentir que si le fallaba o no estaba a la altura, no podría evitar irse con la otra, ya que era mejor que ella en otras cosas (así se lo decía), como, por ejemplo, en la cama. En fin, aquello era la humillación y el maltrato psicológico elevado al máximo exponente.

Me explicó que hacía un mes que lo había vuelto a dejar y que esperaba que esa fuera la definitiva. Por supuesto, le recomendé que hiciera un proceso para asegurarse de que no volvía a caer nunca más en sus garras.

Te explico este caso para que entiendas que cuando un perfil así acude a terapia, si lo hace «supuestamente para sí mismo», lo más probable es que no dure más de dos o tres sesiones y luego salga con una historia como esta o parecida. Lo triste es que son tan convincentes que quien no les tenga calados les va a creer... Por eso es tan importante ser capaces de identificarlos.

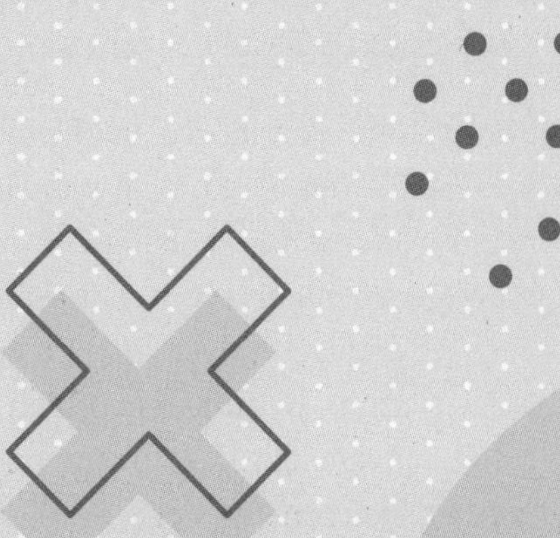

EL PERFIL DE LAS VÍCTIMAS DE UN NARCISISTA

Las personas que acaban atrapadas con perfiles narcisistas acostumbran a tener una serie de rasgos en común. Y es que a los narcisistas no les vale cualquiera: saben muy bien a quién se pueden arrimar y dónde deben quedarse.

Si eres una persona que carece de empatía, nada compasiva y que nunca piensa en los demás, probablemente jamás vivirás este tipo de experiencias. Y con esto no digo que ser así sea bueno ni positivo. Al fin y al cabo, somos seres sociales, y valores como la empatía o la compasión son muy necesarios para crear relaciones y vínculos sanos entre nosotros. Solo digo que, de ser así, a un narcisista no le vas a «servir» porque no podrá manipularte.

Las víctimas a las que suelen perseguir los narcisistas acostumbran a ser buenas personas, de esas que tienen, lo que se dice, «un buen corazón», y que siempre están dispuestas a ayudar a los demás. Personas que sufren cuando ven a otros sufrir y que son compasivas, por lo que, si esto ocurre, no pueden quedarse de brazos cruzados. Tienen que hacer algo para evitar su dolor. Lo que sea que esté en su mano.

Son personas cariñosas, inteligentes y reflexivas. Si las cosas no van bien o ven a su pareja pasarlo mal, estar descontenta o decepcionada, tratan de entender qué ha ocurrido, qué han hecho mal o cómo pueden convertirse en una mejor versión para él/ella. Si se les critica, reflexionan para buscar la parte de razón que hay en esa crítica y asumen su culpa (aunque no la tengan) porque están convencidas de que si su pareja piensa eso, es que debe ser verdad. Quieren que su pareja se sienta orgullosa y que sea feliz a su lado. Se entregan al máximo, se responsabilizan y lo dan todo para que así sea. A pesar de que la realidad les demuestre que, por mucho que se esfuercen, por mucho que hagan o por mucho que cedan, jamás serán suficientes para el otro.

Sentirán cada vez mayor impotencia, pero como al mismo tiempo cada vez creen menos en sí mismas y se sienten más culpables de todo lo malo que está ocurriendo, se van rindiendo hasta llegar al punto de querer desaparecer (porque acaban pensando que son un estorbo y que no aportan nada bueno al mundo).

Suelen ser personas con quienes es fácil convivir, personas que fluyen sin demasiados problemas, que se adaptan a los demás y que son flexibles y tolerantes. No oponen nunca mucha resistencia, y como el narcisista suele tener un gran don de palabra y una altísima capacidad para convencer y lograr que cualquiera les dé la razón, ceden ante ellos con facilidad. Y así se va consolidando esta forma desigual de funcionar.

Por eso, si un narcisista se encuentra con alguien que lo cuestiona, que le pone límites o que no se deja convencer o manipular por su gran labor comunicativa e interpretativa, no estará cómodo, se sentirá inseguro y se alejará de inmediato. Es más, si tienen alguien así en su entorno (un amigo tuyo, la pareja de algún amigo suyo, un familiar de alguno de vosotros o quien sea), no soportarán a esa persona. Seguramente hablarán mal de ella y nunca querrán tenerla cerca. Y, por supuesto, pondrán también en marcha sus estrategias para que tú acabes viéndola igual y tampoco desees que esté en tu vida. Puede que incluso llegues a sentirte mal con él/ella. Es como que sienten que esa persona les quita su fuerza y ese poder tan interiorizado de conseguir lo que quieren de los demás. Como si esa persona les desenmascarara y fueran incapaces de luchar contra eso.

Por lo tanto, si tú has sido la víctima en una relación con un perfil narcisista y te identificas con estas características de personalidad, supongo que ahora entiendes un poco mejor por qué te ha elegido a ti.

Lo que me gustaría con este capítulo del libro es que tomes conciencia de que tu forma de ser es maravillosa. Ser empático, compasivo, bondadoso, generoso, sensible, reflexivo, flexible y cariñoso no es malo ni es algo que debas centrarte en cambiar. En absoluto. Son características necesarias y muy valiosas para crear relaciones sanas.

Precisamente por ser así y tener esos valores, esperas lo mismo de los demás. Confías en la bondad de las otras personas y te entregas desde ese sentimiento tan bonito. Crees lo que te dicen, y si alguien se abre a ti y se muestra vulnerable, si comparte lo duro que ha vivido en su pasado, las heridas que le han provocado o aquello por lo que ha tenido que pasar, empatizas y estrechas ese vínculo sin dudar.

Eres una buena persona y eso te hace grande, especial y valioso. Además, eres alguien que ha sobrevivido a una realidad atroz, a una de las formas de maltrato más devastadoras, el psicológico, por lo que aparte de todo lo descrito, has puesto a prueba tu enorme fortaleza y has demostrado que esta es mucho más grande de lo que jamás hubieras podido imaginar.

¿QUÉ HACER EN UNA RELACIÓN CON UN NARCISISTA?

Hay una premisa inicial que debemos asumir lo antes posible: cuando tomas conciencia de que estás atrapad@ en una relación con una persona que sufre un trastorno de personalidad narcisista, si no quieres acabar peor de lo que probablemente ya estás, solo hay un camino: huir. Pero huir de verdad y para siempre. Sin excusas. Sin «peros». Sin autoengaño alguno. Siendo muy honesto y realista, y asumiendo la propia vulnerabilidad. Y eso implica pedir ayuda profesional.

A veces interpretamos el hecho de huir como un acto de cobardía. Pero cuando estamos hablando de una relación tan cruel, destructiva y dañina, es lo único que nos permitirá recuperarnos de verdad.

Hay quien dice que «si tienes un problema y huyes, el problema te lo llevas contigo», pero esa frase no es aplicable a estos casos porque tú no tienes ningún problema; el problema es la otra persona y, en cuanto la pierdes de vista, todo mejora en un santiamén.

Es curioso porque debido a que el nivel de desgaste y sufrimiento es tan elevado y normalmente se ha alargado tanto en el tiempo (porque cuesta mucho salir de allí), damos por sentado que la recuperación será igual de larga y angustiosa, y la realidad no es así para nada. Es justo lo opuesto. En cuanto tomamos distancia de verdad, todo empieza a mejorar y nuestras heridas empiezan a sanarse.

Te diría, por lo tanto, que cuando ya eres consciente de que tu relación encaja con lo que estoy describiendo, debes hacer lo siguiente:

* Asumir que tienes que cortar la relación lo antes posible y para siempre. Que no puedes ni podrás estar nunca bien con esa persona. Que esa relación jamás será sana ni te hará feliz. Que siempre te hará sufrir. Y aunque sé que

duelen mucho estos términos tan absolutos, te aseguro que repetirte una y otra vez las palabras «siempre», «nunca» y «jamás» te ayudará a ser más consciente de lo que está ocurriendo e ir enfocándote para tomar el camino adecuado para ti.

* Entender que, en estos casos, de nada te sirve aferrarte a lo que es «justo» según tu criterio o el de la mayoría, ni a lo que es «normal» o a lo que harías tú en su caso. Y digo esto porque siempre escucho alguien que hace comentarios del tipo:
    - «Pero es que no es justo. Yo fui quien lo llevó a esas clases de baile, y ahora como él sigue yendo sin ningún remordimiento, ¿yo tengo que dejar de ir porque me haga daño verle? Que lo deje él.»
    - «Alquilamos este piso porque a mí me gustaba muchísimo. Ella ni siquiera quería venir aquí. Y ahora dice que ella no se irá, que el alquiler también está a su nombre y que no me atreva a sacar ninguna de sus cosas. Pero es que lo tengo al lado de mi trabajo y es un piso perfecto para mí... No tiene sentido, a ella en realidad le da igual.»
    - «¡Ahora está quedando con MIS amigos! ¿Cómo es posible? ¿También me tengo que quedar sin amigos por su culpa? ¡Yo esto no se lo haría jamás! No puede estar pasando.»

Olvídate de lo que es o no es justo, de lo que es o no es normal, y de lo que harías tú o cualquier persona con un mínimo de sensatez y bondad. No tienen ni una cosa ni la otra, por lo que actúan según sus valores probablemente egoístas, llenos de rabia y distorsionados. Solo van a ir a hacer daño. Buscarán donde más te duela y te darán ahí con todas sus fuerzas, sin miramiento alguno.

Por eso, lo más sano e inteligente es asumir la realidad de lo que nos ocurre y tomar la decisión más coherente, no basada en la justicia ni en el sentido común mejor argumentado, sino basada en la realidad llana y desnuda de lo que estamos viviendo al lado de ese ser.

* Buscar ayuda profesional de inmediato. Uno de los mayores peligros son las recaídas. Estamos tan dañados y tan manipulados que tener cualquier contacto, por mínimo que sea, con esa persona o con alguien que nos pase información del tipo que sea, puede ser el detonante de que volvamos a escribir o llamar, o buscar el encuentro. Por muy evidente que sea la toxicidad de esa historia desde fuera, el enganche puede ser muy destructivo. Incluso puede ser que en una de esas recaídas lo compliquemos cada vez más. Es decir, que tras un tiempo de separación en el que nos vamos recuperando, si no estamos bien del todo y volvemos a encontrarnos, puede que en ese encuentro nos casemos, o firmemos juntos una hipoteca, o compremos un viaje para dar la vuelta al mundo... Y dirás, «¿¿cómo??». Sí. Eso ocurre porque sigue habiendo un enganche muy fuerte y por eso son tan peligrosas las recaídas en estos casos.

  Y es también por este motivo que es muy importante asegurarnos de hacer un buen proceso para entender muy bien lo que ha ocurrido y nos sigue ocurriendo, para entender cómo hemos llegado a ese punto, por qué nos hemos perdido de ese modo y qué necesitamos hacer para salir de ahí. Y sobre todo, una vez comprendido todo, hacer un proceso para reconstruir nuestra autoestima, para volver a entrar en contacto con nuestra dignidad, para asegurarnos de que tenemos plena conciencia de dónde están nuestros límites y de que no permitiremos que nada de eso se repita nunca más.

Yo creo que entender bien nuestras experiencias es lo que nos ayuda a evitar que se repitan. Los que no entienden nada de lo que les pasa, los que no ven qué es lo que la vida está intentando decirles, los que no tienen la capacidad de autoanalizarse, de mirarse a sí mismos y asumir sus errores y fallos, son los que vivirán una y otra vez cosas parecidas y seguirán lamentándose, desde la incredulidad, de lo desgraciados que son y de la mala suerte que les persigue.

Cuando logras cruzar esa puerta que tanto miedo te daba, para salir definitivamente al otro lado, ya estás fuera de peligro. Ya no hay ninguna posibilidad de que vuelvas a entrar. De que nadie te engañe ni te manipule. Te volverás mucho más intuitivo y sensible a esas señales y las verás venir de lejos. Y como habrás recuperado el amor hacia ti y tendrás muy claro qué es lo que te daña, te cuidarás y protegerás de todo peligro, como si de un niño pequeño y vulnerable se tratara.

Pero para conseguir eso es muy importante hacer un proceso de crecimiento personal que te permita sanar y aprender. De ese modo te recuperas a ti, mejoras tu versión, porque tras tanto sufrimiento te haces mucho más grande y empiezas a darte cuenta y a saborear lo que es disfrutar de la vida de verdad.

LA RUPTURA CON UN NARCISISTA

En la mayoría de los casos, las relaciones con personas que padecen un trastorno de personalidad narcisista se acaban cuando ya han pasado muchos años. Debido a la falta de educación y de información, y a la sutileza de sus acciones, uno no se da cuenta de la gravedad de lo que está ocurriendo. Además, suele haber hijos de por medio, con lo que las dificultades para pasar a la acción se incrementan.

Este tipo de perfiles suelen buscar ellos mismos la ruptura, pero lo hacen de tal forma que eres tú quien acabas rompiendo. Te machacan, te amenazan, te angustian y te hacen sentir miedo, celos, desesperación, rabia, impotencia, incapacidad y un sinfín de otros sentimientos que te restan y te invalidan. Y cuando ya no puedes más, cuando ya estás a punto de enfermar del todo, si logras encontrar un resquicio de fuerza en tu interior y das un paso adelante, empiezas el duro camino hacia la liberación.

Ellos nunca te lo pondrán fácil ni tendrán, de repente, una pizca de empatía, ni mucho menos compasión hacia ti, ni querrán lo mejor para vuestros hijos, ni tratarán de ser justos y razonables ni actuarán desde la honestidad o la bondad. Nada de todo esto. Por el contrario, su objetivo, tanto si te has atrevido a dejarles como si han sido ellos mismos quienes han decidido hacerlo, será destruirte, quitártelo todo, manchar tu imagen, desquiciarte y demostrar ante todo aquel que se atreva a miraros que aquí la única víctima es él y que solo existe un único culpable: tú.

Además, es muy probable que, tras la ruptura, en un espacio de tiempo muy breve te enteres de que ya tienen otra pareja con quien hacen una vida en común. Otra persona con quien parece que ya lleven mucho tiempo y que parece que les apoya en todo el proceso. Dado que ellos invierten toda su energía y su talento en representar el papel absoluto de víctima ante todos los demás, podrás observar cómo esta nueva pareja que tienen les ayuda en todo lo que puede porque le ven como un pobre desgraciado que está saliendo de una relación con una persona loca y despechada que solo pretende quitarle los hijos y hacerle daño. Evidentemente, en esta nueva relación que se ha creado, víctima solo hay una: la nueva pareja. La que, sin ningún tipo de duda, más tarde o más temprano va a lamentar haber quedado atrapada ahí y haber creído lo que él, con tanto esmero, le ha conseguido vender.

Es cierto que puede que vivas situaciones muy difíciles de gestionar para ti. Encontrarte a esa nueva pareja y que te mire mal, que incluso te insulte o te falte al respeto debido a toda la rabia que siente hacia ti por el daño que le estás causando —supuestamente— a él, que tus hijos te expliquen que les enseña o les dice cosas que no te parecen bien, etc. Pero debes tener claro que no se puede lidiar con eso. Que cuantas más vueltas le des a lo injusto de la situación, peor te sentirás, más sufrirás y menos conseguirás.

Recuerda que tu mayor objetivo debe ser mantenerte con la mayor cordura, equilibrio y estabilidad psicológica posible. Por ti, por tus hijos y por vuestro futuro. Y para conseguirlo, cuanto menos pienses, analices y des vueltas a lo que él o ella hagan o dejen de hacer, mucho mejor. Y, por supuesto, si crees que lo que está ocurriendo es realmente grave o peligroso, deberás plantearte denunciar.

Separación con hijos

Quiero profundizar un poco más en este tema porque estoy convencida de que, si es tu caso, lo necesitas. Cuando has tenido una relación con un perfil narcisista y tienes hijos con esa persona, si llega el momento de enfrentarte a la separación, siento decirlo, pero el calvario está garantizado.

Si bien es complicadísimo separarte de ellos (debido a la manipulación psicológica, la destrucción de la autoestima, la distorsión de la realidad y el profundo lavado de cerebro que han hecho contigo), cuando hay hijos en común, es aún peor, porque no puedes pasar página de forma radical y absoluta, sino que, por desgracia, tienes que seguir lidiando con ellos hasta que los hijos sean mayores de edad. Y, claro, teniendo en cuenta las características de su perfil, esto no es una buena noticia. Pero, por supuesto, a pesar de ello, si piensas en tus hijos, separarte siempre es la mejor opción.

Tras la separación, normalmente su nivel de odio y de rabia hacia ti es tan grande que parece que lo que les mueve en la vida es un único objetivo: destruirte. Demostrar ante el resto del mundo que has perdido la cabeza, que no estás en condiciones de cuidar de vuestros hijos, que eres una mala persona. Si tenéis que llegar a un juicio, con sus increíbles dotes interpretativas conseguirá dar pena y que quedes tú como la persona inestable y perjudicial para los hijos. Eso es lo que quiere que vean los demás.

Te manipulará enviándote mensajes de vuestros hijos que te desgarrarán y haciendo cosas que te harán sufrir, porque sabes que no son buenas para ellos: cambiar sus horarios de sueño; permitirles lo que tú no les dejas hacer porque sabes que no les va bien; darles comida basura; hablarles de temas sexuales o aspectos que no son adecuados para su edad; hablarles mal de ti, haciéndoles creer que tú eres quien ha querido que estéis separados, quien le ha echado de su casa, etc.

Te repetirá lo mal que lo haces todo y lo ofendid@ que se siente por tu actuación. Te repetirá mil veces lo fe@ que eres, lo inútil que eres, lo poco que vales, la pena que das, y que no va a parar hasta que pagues por lo que supuestamente considera que debes pagar y hasta que te lo quite todo.

He visto infinidad de mensajes espeluznantes, dignos de una película de terror. He visto infinidad de personas temblando y muertas de miedo, sin poder dormir por las noches por el temor a que esa persona entre en casa, ya sea por la ventana o por la puerta de atrás. He visto casos que han tenido que llamar a la policía por ver el coche del otro aparcado en la puerta, controlando o espiando al tiempo que enviaban mensajes amenazantes. Y he visto casos de víctimas de narcisistas a las que estos, después de vivir totalmente a su costa y no tener otra actividad que hundirlas en todos los aspectos, las han acabado arruinando por completo, quitándoles la casa y el coche, y cargándolas con todas sus deudas.

He visto casos de víctimas de narcisistas que han tenido que pedir ayuda psiquiátrica durante mucho tiempo hasta lograr recuperar la conciencia de quiénes son en realidad, de su verdadera valía y de su enorme potencial para cuidar a sus hijos mejor que nadie.

Y es que **cuando eres víctima de un perfil así, te hacen sentir tan tan tan mal que incluso pensar en quitarte la vida es algo bastante común. Piensas que lo mejor es que te quites de en medio, que desaparezcas, porque seguramente tus hijos estarán mejor así. Sin ti.** La profundidad del dolor que experimentan las víctimas es tan grande que, en ocasiones, les cuesta ver dónde agarrarse.

Aun así, es muy importante que tengan en cuenta que una vez lograda la separación, y al empezar a recuperarse, van teniendo cada día más claro lo importante que es para sus hijos tenerles a su lado. No cabe ninguna duda de que los hijos son afortunados de tener en su vida a estos referentes / progenitores que han luchado hasta el final para conseguir liberarse. Cuando salen de la relación, están muy dañados, claro está, pero son unos daños reparables; al contrario que los daños del perfil narcisista, que ni son conscientes ni son reparables ni van a cambiar jamás.

¿Cómo actuar tras la separación?

Cuando has dado con perfiles así y has construido una familia con ellos, insisto, no va a ser fácil. Es una experiencia de vida durísima. Se mezclan muchísimas emociones y sentimientos. La impotencia, la frustración, la rabia, la vergüenza, la inseguridad, el miedo atroz a lo que pueda hacer, a lo que pueda decir, a la distorsión que pueda crear en tu imagen pública, a que dañe a vuestros hijos, a que te los quite o te los ponga en contra, a que entre de noche en tu casa y te haga daño... Es un pánico constante que va alimentando en ti una obsesión que no te deja vivir.

Aun así, pase lo que pase, y aunque te lo quite todo, te aseguro que tu libertad no tiene precio alguno. Liberarte de un perfil como este es el mayor objetivo que debes ponerte en la vida tras haber quedado atrapado/a en sus redes. Y hay que pedir ayuda profesional para poder superarlo correctamente y hacer todo cuanto uno sea capaz de hacer para lograrlo de verdad. Y es en este camino de salida en el que se unen dos complejos aspectos que deberás trabajar:

- La recuperación de la propia autoestima que ha quedado aniquilada. Volver a tomar conciencia de tu inmensa valía, de lo importante que eres, del potencial y las capacidades que siempre has tenido, de todo el amor que tienes para dar, de todo cuanto mereces en tu vida. Interpretar correctamente las conductas y los gestos de los demás. Saber identificar correctamente cuándo son generosos y honestos, y cuándo tratan de herirte o manipularte. Confiar en la propia intuición para entender el mundo, y decidir con seguridad aquello que te dicta tu corazón.

  Y es que cuando estás en esta situación, has perdido por completo la confianza en ti mismo, en tus capacidades y en tu forma de entender, de interpretar y de sentir. El miedo se convierte en tu principal compañero de viaje debido a la inseguridad tan grande que habita dentro de ti.

- Tratar de buscar la forma que sea menos perjudicial para los hijos. Pero, claro, si tenemos en cuenta el perfil tan tóxico y destructivo del progenitor narcisista (a quien está claro que lo último que le importa son ellos y su bienestar psicológico y emocional), eso va a ser muy complicado. Sobre todo porque tendremos que estar constantemente

> transitando entre los golpes emocionales, los insultos y los intentos de hundirnos de esa persona, y manteniendo a la vez la compostura, esforzándonos por seguir sonriendo y aparentando alegría, energía, ingenio y felicidad, para que así nuestros hijos no se den cuenta de la magnitud de nuestro profundo y devastador sufrimiento. Y eso, claro está, requiere de una inversión de energía descomunal.

Sufrirás mucho cuando pienses que tus hijos están parte del tiempo con tu expareja, cuando te des cuenta de que no los educa como tú quieres, de que les enseña cosas que no te gustan ni te parecen adecuadas, de que les miente y los manipula. Pero a no ser que ocurra algo realmente peligroso que puedas demostrar ante un juez, no podrás evitar que se contagien de esa persona, porque es su padre o madre. Lo mejor que puedes hacer es centrarte en darles lo mejor de ti cuando estén contigo y tratar de ser su mayor ejemplo e inspiración. Que vean otra forma de funcionar y de ver el mundo, otra forma de tratar a los demás y de tomar decisiones. Cuando tienen más de un ejemplo del que aprender, se harán preguntas y tendrán la oportunidad de decidir con quién se sienten más cómodos y qué es lo que tiene más sentido para ellos. No te quepa duda de que es infinitamente mejor esto que seguir juntos en familia y que vean en ti un ejemplo de persona infeliz y deprimida, que se deja maltratar, manipular y humillar. Esta jamás sería la mejor de las opciones.

Por muy mal que lo pases, por muy cuesta arriba que sientas el camino, por muchos miedos y dudas que tengas, sigue adelante con lo que te digan tu razón y tu intuición. Tu parte sabia. No cabe duda de que lo pasarás mal y de que el proceso será muy duro, pero siempre vale la pena.

Por eso es necesario que tengas alguien a quien agarrarte, a quien abrazar, en quien sostenerte si sientes que te empiezas a tambalear, cuando tus fuerzas flaqueen. Alguien que te ayude a mantener la cordura y a evitar que caigas en el drama inútil y poco funcional, que lo único que haría es llevarte a sentirte peor.

Cuando transitas por el proceso de ruptura con una persona narcisista, no debes olvidar nunca la importancia de la aceptación. Aceptar lo que hay y lo que no puedes cambiar. Aceptar lo que la vida ha decidido para ti y en lo que no puedes intervenir. ¡Ojo! Aceptar no significa quedarte de brazos cruzados quejándote y resignándote. Para nada. Aceptar es decir: «OK, esto es así, voy a ver qué hago ahora». Y a partir de ahí, tomarás conciencia de cuáles son los caminos que se abren para ti en ese punto. Porque sí, por difícil que parezca, por imposible que lo veas o por muy incapaz que te sientas, siempre hay nuevos caminos que te conducirán hacia la salida, hacia la recuperación, hacia la libertad... hacia la vida.

EL CASO DE FLORENTINA

Florentina nació en Milán. Sus padres eran dos médicos muy reconocidos en el hospital en el que trabajaban. En su casa siempre estuvieron muy unidos, implicados en el trabajo y superando los problemas juntos, apoyándose y ayudándose en todo lo que fuera necesario. Tenía un hermano dos años menor, al que adoraba.

La educaron con unos valores enfocados en ayudar siempre al prójimo, en dar a quien lo necesitara y en mantener la humildad, por mucho que consiguiera. Estaba tan focalizada en ello que ya desde adolescente tenía claro que quería ser abogada.

Como tenían una casa en Marbella, a la que acostumbraban a ir todos juntos cada verano, empezó a valorar la posibilidad de estudiar la carrera de Derecho en España, y al final así lo hizo.

Cuando ya estaba cursando el último año, con unas notas brillantes y muy reconocida por parte de todos sus profesores, una noche conoció a Felipe. Guapo, seguro de sí mismo, con personalidad y claramente talentoso. Trabajaba en el mundo de las inversiones y parecía que se ganaba muy bien la vida.

Se enamoraron muy rápido y empezaron a pasar cada vez más tiempo juntos.

Al acabar la carrera, ella decidió crear un bufete junto a un amigo de la universidad. Se especializó en derecho civil, por lo que los casos que veía y a los que ayudaba con más frecuencia eran rupturas matrimoniales.

A los dos años de tener el bufete activo y funcionando cada vez mejor, ella quedó embarazada de Mía. Decidieron casarse para formalizar la relación y en menos de dos años ya tenían también a Lucía.

Cuando las niñas tenían cuatro y seis años, Flor vino a verme. Yo estaba viviendo en Barcelona y ella vino hasta mi despacho en tren. Me dijo que necesitaba explicarme en persona lo que había vivido y que no quería hacerlo por videoconferencia.

Cuando la vi por primera vez, me di cuenta de que era una mujer brillante, guapa, poderosa y con un potencial enorme, y de que a la vez estaba totalmente destruida, desconectada por completo de su fuerza y viviendo como un robot... Como un boxeador que está exhausto y ya no ataca, sino que se limita a tratar de evitar los golpes del adversario. Así la vi. Estaba destruida y avergonzada por todo lo que había venido a contarme.

Ella, abogada de éxito. Educada. Inteligente. Emprendedora. Trabajadora. Luchadora.

Él, vividor. Malgastador. Maltratador. Déspota. Psicópata. Insensible. Manipulador. Narcisista y muy peligroso.

Durante todos los años que compartieron, ella no fue consciente de lo que él hacía, de cómo la trataba, de cómo se comportaba. Confiaba en él al cien por cien. Ella firmaba los papeles que él le pedía sin ni siquiera mirar de qué eran, porque su confianza era total. Era su marido, su pareja, el padre de sus hijas, su familia.

No se daba cuenta de que él a menudo la castigaba sin hablarle si ella no «se portaba bien», si no hacía lo que él quería o le ponía alguna traba. No se daba cuenta de que a veces la trataba mal, con comentarios hirientes que destruían poco a poco su autoestima. La rechazaba sexualmente o le decía que estaba fea sin más y que ese día no le atraía y no quería tener relaciones con ella...

Ella fue normalizando todas esas conductas que *a priori* podrían parecer escandalosas, porque no era siempre así. Cuando la veía exageradamente triste o hundida, sacaba su otra cara. Le proponía hacer el viaje que ella tanto deseaba o escaparse un fin de semana a algún sitio de ensueño con las peques o sin ellas, y ya todo quedaba olvidado... Aun así, es importante destacar que proponía hacer esas actividades que a ella tanto la ilusionaban, pero las tenía que organizar ella y siempre las acababa pagando también. Él lo hacía con mucha naturalidad. Tanta que ella apenas se daba cuenta del abuso y la jeta de él.

Pero cuando llegó el día fatídico, todo cambió. Flor me explicó que fueron a una casita que tenían a unas dos horitas de Marbella y, mientras las niñas jugaban fuera en el jardín, ellos dos discutieron por algún motivo absurdo. Él se puso muy nervioso y se abalanzó sobre ella. Empezó a gritarla, con su cara a dos dedos de la de ella. Agarró un cuchillo y le dijo que si quería, se lo clavaba en dos segundos y ya sería su fin... Que ya llevaba demasiados años aguantándola como para que encima le amargara la vida de esa forma y que dejara de poner pegas a todo, que se iba a hacer lo que él quisiera. Le agarró el móvil y lo echó dentro de una olla de agua hirviendo.

Ella quedó petrificada. Los gritos, sus insultos, el cuchillo a un dedo de su estómago, su mano en el cuello amenazando ahogarla en cualquier momento, el móvil en la olla completamente destrozado y con todos los contactos y temas laborales perdidos...

Flor me explicó que en ese instante pasó tanto miedo que se orinó encima. Es una reacción habitual del cuerpo cuando pasamos un pánico extremo. Y es que Flor no solo sufría por su vida y por lo que él fuera capaz de hacerle en ese momento de enajenación mental (una vez confirmado que tenía problemas psicológicos), sino que principalmente sufría porque sus pequeñas estaban ahí fuera; sabía que podían entrar en cualquier momento y no quería ni imaginar lo que les podría ocurrir si presenciaban esa escena o si él iba a por ellas.

Solo deseaba que todo pasara. Y pasó. Poco a poco, él se fue alejando de ella y calmando. Se fue a la habitación y a la media hora salió totalmente transformado, como si nada hubiera pasado. Se mostraba cariñoso y le decía que tenía que portarse bien y todo iría bien, que no fuera tan terca y tan quejica, y que ya sabía que él la quería con locura.

Pero ese día, algo cambió para Flor. La situación fue tan extrema que la venda que le tapaba los ojos se le cayó por fin. Y con ello empezó a ver. A ver de verdad, a ver con nitidez y sin excusas, ni justificaciones ni explicaciones de más. Empezó a ver lo que había y se asustó como nunca antes lo había hecho.

Habló con su socio y este le dejó muy claro que, sí o sí, eso lo tenía que denunciar. Y así lo hizo, lo denunció por malos tratos. Y ahí, en ese despacho con la policía, firmó su sentencia.

Cuando él recibió la noticia, el monstruo que llevaba dentro se apoderó de él por completo. Ya no trató de esconderlo nunca más. Ya no lo apartaba para confundirla y mostrar una cara amable como había hecho siempre cuando le convenía. Ya no. Desde ese mismo instante, su único y máximo objetivo en la vida era destruirla a ella. Flor pagaría por lo que le había hecho, por haberle denunciado, por haberse atrevido a desenmascararle ante los demás. Le juró que no descansaría hasta demostrar que estaba loca, que era ella quien le maltrataba a él, que era una mala madre para sus hijas, que estaba desequilibrada y que se lo quitaría todo hasta dejarla completamente arruinada.

Y así fue. Le quitó dos casas que tenían y había comprado ella. La denunció por fraude para que la investigaran. La dejó con un montón de deudas que no eran de ella, pero como él no tenía dinero y dejó de pagar (y ella había firmado todo conforme se hacía responsable), no tuvo otra elección que hacerse cargo... Le enviaba mensajes amenazantes, aparecía por su casa a medianoche, empezó a hablar mal de ella a las madres y padres del colegio de las niñas, la menospreciaba y humillaba si la encontraba por la calle...

Ella vivía una auténtica pesadilla sin precedentes. No dormía por las noches de la ansiedad y el miedo que tenía. Trataba de todas las formas posibles de estar bien delante de sus niñas para que no la vieran mal. Tenía que aguantar que ellas estuvieran una semana cada dos con él (aun sabiendo que les hablaba mal de ella, que les explicaba cosas que no eran para su edad y que no las cuidaba ni alimentaba adecuadamente).

Era una locura. Empezó a hacer cosas que hasta nos sorprenderían si las viéramos en una película... La abordaba por la calle y se paraba para increparla. Le decía cosas para provocarla. La acusaba de mentiras. Y, al final, cuando conseguía sacarla de quicio y ella le decía que estaba loco, que conseguiría desenmascararle, o le insultaba porque ya no podía más, él sacaba un móvil del bolsillo, riéndose como un loco y diciendo que la había grabado y que demostraría que era una maltratadora porque allí quedaba claro cómo le insultaba y le gritaba por la calle...

Incluso un día convocó a los medios de comunicación y tres emisoras de las más importantes le hicieron una entrevista en la que él hablaba como hombre maltratado a quien su mujer le prohibía ver a sus hijas y le insultaba y humillaba constantemente... Con ello tuvo que enfrentarse a la humillación de las miradas de su entorno, para quienes él era una persona educada y madura (ese era su disfraz para relacionarse con los demás).

Al final llegó el día del juicio. Ella había pagado mucho dinero a un equipo de psicólogos y psiquiatras periciales para que le entrevistaran e hicieran un informe de su perfil. No sirvió de nada. Él la humilló una vez más junto a su abogada. La propia abogada actuó de maneras que Flor no se habría atrevido a llevar a cabo jamás. Todos sin escrúpulos ni valores. La acusaron, la culparon y se lo quitó todo. La dejó arruinada y sin autoestima ni dignidad. Tuvo que aguantar el menosprecio, las falsas acusaciones, las incontables mentiras, y sobrevivir como pudo en uno de los peores días de su vida.

Bueno, desde el día de la denuncia, todos los días eran los peores de su vida...

El problema es que el de Flor es un caso entre los miles que hay a nuestro alrededor. Casos que viven, o mejor dicho, que se sufren, desde la impotencia, la soledad y la frustración de la víctima, que no encuentra ayuda en ninguna parte. Y es precisamente por esto, por ser algo tan habitual y frecuente, que es importante estar preparados para identificarlo, entenderlo y tener las herramientas necesarias para alejarnos lo antes posible.

¿CÓMO RECUPERARTE Y RECONSTRUIRTE?

Creo que, a estas alturas del libro, ya ha quedado claro que tener una relación con un perfil narcisista te destruye hasta límites que no habrías podido ni imaginar. Y después de que algo haya sido brutalmente destruido, si queremos seguir adelante, solo hay un camino: la reconstrucción.

Vaya por delante que reconstruirse tras una experiencia tan dañina como esta no es fácil. Ni rápido. Ni hay ninguna fórmula mágica. Es un camino que hay que transitar, sí o sí. Lo que te puedo asegurar es que si sigues unos pasos concretos, a tu ritmo, a tu manera, adaptados siempre a ti, llegarás a la salida. Siempre. Eres tú quien debe decidir la velocidad de tu marcha y el ritmo al que quieres avanzar. Si te quieres detener o si prefieres ir hacia delante de una forma constante. El «cómo» siempre estará en tu mano, pero yo voy a indicarte «qué» hacer para que acabes llegando.

Los pasos que voy a proponerte los han puesto en práctica cientos de personas que han pasado por nuestras consultas, personas que acababan de salir, completamente destruidas, de relaciones con un perfil narcisista. Hombres y mujeres. De todas las edades. Con hijos y sin hijos. Con amigos y sin amigos. Con trabajo y sin trabajo. En pueblos y en ciudades. Da igual el origen, la ubicación o las circunstancias personales.

Y también quiero que tengas claro que cuando hablo de «reconstrucción» no me refiero a volver a tener pareja y seguir adelante con todas las heridas abiertas y con un sentimiento de que tu vida no vale nada, pensando cada día en lo mucho que sufriste y sintiendo que no eres nadie por haber permitido todo aquello. No. Reconstrucción y recuperación significa pasar página. Volver a ser feliz. Dejar eso en el pasado para empezar un nuevo capítulo, sonriéndole a la vida y agradeciendo todo lo aprendido. Se trata, simplemente, de llegar al punto en el que uno tenga claro que el aprendizaje nunca está de más.

Cualquiera que se encuentre destruido por haber tenido una relación con una persona narcisista, si sigue estos pasos, conseguirá llegar hasta el merecido final: la recuperación de sí mismo. La vuelta a la vida. La plena reconstrucción.

Pasos imprescindibles para la recuperación

1. Analizar los daños

Ser capaz de mirarte para analizar cuáles son los daños ocasionados tras tu relación con una persona narcisista es el primer paso que siempre debes dar. Algunos aspectos son comunes en todos los casos, mientras que otros pueden estar más presentes en unas personas que en otras.

Debes evaluar cómo está tu autoestima y cómo ha quedado tu dignidad, así como las consecuencias de ello. Es probable que tengas numerosas inseguridades y miedos que dificulten tu camino o que te impidan avanzar al ritmo que te iría bien hacerlo.

Cuando una persona siente que no es valiosa, que no tiene capacidad para vencer las dificultades de la vida, que no puede alcanzar el éxito o que no consigue que las cosas le salgan bien, cuando se siente poco inteligente, menos lista y nada merecedora, lo más probable es que esté atascada, escondida en sí misma, y que, encima, ni siquiera intente salir de allí. Es posible que simplemente permanezca sentada en el triste banquillo de la resignación, desde el que vaya viendo pasar de largo las constantes oportunidades que le brinda la vida... Sin hacer nada, solo observándolas y lamentándose por tener que cargar con la desdicha de no merecerlas ni estar a la altura y poder, así, aprovecharlas.

Y es que, por si esto fuera poco, cuando te encuentras atrapado en este eslabón, parece que todo lo negativo y doloroso te va aplastando poco a poco. Te vas aislando y sintiéndote cada vez más solo, más incomprendido, más triste y sin esperanza alguna. Y aunque esa soledad te atrape, quieres escapar de ella, pero no sabes cómo hacerlo. Te aíslas, pero no quieres soledad. No quieres hablar con nadie y te sientes profundamente solo. Perdido. Deshecho.

Puede que sientas que no tienes amigos, que los has perdido o que ya no quieren saber nada de ti. Puede que hayas olvidado quién eras, qué te gustaba o cuáles eran tus sueños, ilusiones y deseos. Puede que una vez fuera de esa relación sientas que tu punto de partida está muy abajo. **Sea como sea, lo importante es que tomes conciencia de dónde estás, de cuáles son los daños causados y de qué es todo lo que hay que sanar, reconstruir y reparar.**

Recuerdo cuando Beatriz, una paciente que tuve hace años, tras analizar el punto en el que se encontraba después de haber conseguido dejar a su pareja narcisista, me explicaba que sentía que le daba miedo cualquier reto o contratiempo. Sentía miedo si se le estropeaba la caldera, por si no iba a ser capaz de llamar a la compañía y responder a sus preguntas. Sentía miedo de ir sola con sus hijos con el coche por si les pasaba algo y ella no sabía resolverlo. Le daba miedo ir al banco o incluso quedar con sus amigas, por si se daban cuenta de que ella no estaba a su altura, de que era más sosa, más tonta, más aburrida, con menos cultura y sin nada que aportar. Esa era la visión que tenía de sí misma después de catorce años al lado de un narcisista al que todo su entorno veía como la persona más maravillosa del mundo.

Beatriz, antes de estar con él, era una mujer capaz de todo. Independiente, alegre, sociable y llena de vida. Se cuidaba y sonreía en todo momento. Sin embargo, una vez atrapada en esa relación, fue perdiendo todo cuanto la hacía tan especial y auténtica. Le arrebató toda su luz hasta convertirla en una mujer oscura, triste, profundamente insegura y con miedo a todo.

De ahí partíamos con ella. Y eso es lo que hay que analizar en cada caso. Hasta dónde alcanzan los daños causados tras cada una de estas relaciones.

2. Acabar con la fase de autovictimización y lamentos

Es muy habitual que, tras salir de una relación de este tipo, a medida que uno va tomando conciencia y despertando, conecte con un sentimiento de pena muy profundo, que se victimice y se lamente de forma constante al verse en esa situación tan humillante y poco comprensible para los demás. Es fácil caer en ese punto en el que no se entiende cómo se ha llegado hasta ahí y, después de analizar los daños, que uno no pueda dar crédito a las incontables pérdidas y todas las consecuencias con las que tendrá que lidiar de ese punto en adelante.

EL CASO DE ALICIA

Alicia, una paciente a la que ayudé hace tiempo, me explicaba:

Dejé de trabajar cuando nació nuestro segundo hijo. Él me convenció de que no necesitábamos mi sueldo y que, de ese modo, los niños estarían mejor, conmigo, que yo podría encargarme de la casa y de ellos, y así él también estaría más tranquilo. Me decía que fuera al gimnasio, a comprar ropa, a tomar algo con mis amigas... y que él se encargaba de la parte económica. Que con él no tendría que preocuparme nunca por ese tema.

Yo en ese momento estaba emprendiendo un negocio *online* que empezaba a funcionarme muy bien y me convenció para cerrarlo. Hoy me doy cuenta de que, de haber seguido con ello, hoy tendría muchísimo éxito y yo sería completamente independiente.

Pronto empezó a poner malas caras si me llamaba y yo estaba con alguna amiga. Ninguna de ellas le caía bien. Tuve que borrarme de mi gimnasio para apuntarme a uno que era solo de mujeres porque el mío de toda la vida no le parecía bien. Decía que no entendía cómo me sentía bien entre esos hombres tan «barriobajeros» y con tan poca clase. Al principio no quería hacerle caso, pero al final, por no escucharle más, me cambié al que él me recomendaba.

Si compraba algo de ropa, a él jamás le gustaba. Siempre le parecía que era inapropiado o nada estiloso para mí, o que no me quedaba bien. Llegué al punto de sentirme insegura incluso para comprarme una falda. Había cosas que me las compraba porque sentía que me gustaban, pero al llegar a casa, ya empezaba a dudar y, por no tener que enseñárselas o pasar por el mal trago de que me viera con ellas y me criticara, las devolvía al día siguiente... Y así con todo.

Este tipo de vivencias son muy comunes con estos perfiles. Y el daño causado es tan hondo que, tras salir de allí, se necesita un tiempo para ir asumiéndolo todo. No es fácil ni rápido. Es como que, poco a poco, se va recordando todo: «Recuerdo ese día que me hizo aquello... Y aquel otro que pasó ese incidente... Y cuando llegó esa noche y con su rabia decidió eso otro...».

A medida que vamos recordando, explicando y sacándolo fuera, es como que nos vamos limpiando por dentro. Es importante y necesario sacarlo fuera, recordar todo aquello por lo que hemos pasado, para así tomar conciencia de la magnitud del drama experimentado. Pero nunca podemos quedar atrapados en los lamentos y la autoflagelación. Eso jamás, porque, de ocurrir, sería muy negativo para nosotros.

Si has vivido una experiencia de este tipo, es importante que tengas claro que cada vez debes ir hablando menos de ello. Si te encuentras con alguien que no conoce la historia, pero sientes que ya has avanzado en tu proceso, no vuelvas a explicarlo todo de raíz, como si fueras un disco rayado.

Intenta ir integrando la idea de que, si bien es cierto que has sido una víctima de esa situación, ahora ya no lo eres. Has salido, has escapado, te has liberado. Por ello, basta ya de lamentos y llantos. Ya pasó. Ya fue. Ya acabó. A partir de ahora, es momento de mirar hacia el futuro, de tomar decisiones y de empezar a disfrutar del dulce sabor de la felicidad.

3. Definir qué queremos conseguir

Puede que cuando uno viene de un túnel tan oscuro como este, al principio le cueste mucho definir hacia dónde quiere ir. Ni siquiera se siente cómodo sabiendo que puede elegir. Ni preparado, ni capaz. El miedo a equivocarse, a hacerlo mal, a la pérdida, a las críticas, a los juicios o, de nuevo, al sufrimiento puede paralizar por completo.

Aun así, hay que hacer el esfuerzo, porque eso es algo que siempre vale la pena. Aunque cueste, ya estarás fuera. Y cuando sales de esa cárcel y de repente te das cuenta de que tienes el mundo a tus pies, tienes que decidir hacia dónde quieres dirigirte.

Para ello, lo más adecuado y recomendable es empezar por objetivos pequeños, por hábitos y decisiones del día a día:

- Superar la vergüenza de mostrarte de nuevo al mundo.
- Decir «sí» a aquella amiga que te ha insistido un millón de veces para quedar y a la que has dicho un millón de veces que no por miedo a lo que pensaría de ti.
- Dejar desde ya de ingerir ciertos alimentos que sabes perfectamente que no son buenos para ti.
- Hacer ejercicio, aunque sea ir a caminar, dar tres vueltas a la manzana o hacer cincuenta abdominales al día. Lo importante es empezar.
- Si no tienes trabajo, sentarte delante del ordenador y actualizar tu currículum.
- Salir una vez a la semana con alguien, compartir, intentar disfrutar de un paseo por la ciudad o la montaña, o de un concierto (aunque sea detenerte a escuchar a un músico que está tocando en la calle). Déjate embriagar por el arte y la cultura, permite que te inspiren.
- Organizar alguna actividad con los hijos y algún familiar.
- Decidir no hablar de él/ella durante largos períodos pactados.
- Enfrentarte a ese miedo (a coger el coche, a ir a pedir ayuda, a preguntar algo...).

* Aprender a bailar, sacarte un título de algo, pasar unas pruebas que te permitan acceder a un determinado trabajo, conseguir unos ingresos mensuales determinados, o lo que sea que tengas en mente y que te pida a gritos tu corazón. Lo que sea. Atrévete a mirarlo, a escucharlo y a sentirlo. Siente el deseo de ir en esa dirección y permítete empezar a moverte hacia ese objetivo. Sin miedo. O aunque sea con él, pero sin dejar que nada ni nadie más te detengan.

Solo si tienes tu mirada puesta en ese futuro al que quieres ir, podrás conseguirlo.

4. Cultivar actitudes de empuje que aporten energía, motivación, ilusión y ganas. Solo así sentiremos la fuerza suficiente para avanzar hacia ese objetivo que buscamos

Cuando te quejas, pataleas, te sientes frustrado, rabioso, obsesionado, enfadado o perdido, ¿qué pasa con tu energía? Está claro: desciende. Tu cuerpo se cierra, tu mirada baja, te encojes, te haces pequeño, te atascas, no fluyes y, en definitiva, te encuentras mal. Cuando estás deprimido y cerrado, no te apetece ir al gimnasio, comes cualquier cosa que encuentres (generalmente comida basura), no descansas bien y no haces demasiado.

En cambio, cuando tienes una actitud positiva, alegre, vital e ilusionada, es como que la vida te empuja hacia lo bonito, hacia tus sueños y metas. Y es que la vida siempre está de tu parte, no contra ti.

Es importante que cuando ya te encuentres en esta cuarta fase de la recuperación seas capaz de dejar los lamentos atrás. Ya pasó el tiempo de las quejas, de los lamentos y de autovictimizarte. Ya te lo permitiste en un momento anterior. Ahora ya pasó y tienes que comprometerte en dejarlo atrás. Basta.

Te propongo que, si ves que no puedes, que sin darte cuenta a la mínima ya estás otra vez despotricando de tu expareja, lamentando todo lo ocurrido o el enorme tiempo que has invertido (ya sea desde la pena hacia ti o desde la rabia hacia la otra persona), hables con alguien de confianza y le des permiso para que, cuando esto suceda, te haga de espejo. Para que te diga que ya basta, que te haga ver que ya vuelves a estar con la misma cantinela y que lo dejes. Cuando tenemos a alguien que nos ayuda a ver aquello que hemos normalizado y que nos daña, esto nos permite tomar conciencia y, por lo tanto, poder controlarlo.

Debemos hacer un pacto con nosotros mismos: «Hoy no voy a hablar del tema»; «si me pillo pensando en ello o rememorando mi oscuro pasado, voy a dar un golpe en la mesa y gritaré "¡basta!" para poder cambiar de tercio». O cuando esa otra persona nos lo haga ver, por supuesto que no deberemos enfadarnos con ella, sino justo lo contrario, le daremos las gracias aunque en el fondo nos duela. Respiraremos hondo y cambiaremos de tema.

Y como este punto se centra en cultivar actitudes de empuje que nos den energía y nos conecten con la ilusión y las ganas de vivir y sonreír, déjame que te cuente que esto se consigue con mi filosofía #yomeamo.

Filosofía #yomeamo

Cuida tu cuerpo

Analiza cómo son tus hábitos diarios de cuidado del cuerpo.

¿Cuántas veces a la semana haces algo de ejercicio? Por supuesto, no hace falta que te destroces corriendo maratones, pero analiza si haces ejercicio con regularidad o si eres de los que suben al bus para desplazarse dos calles. Da igual si lo que haces es ir a caminar media hora, o si vas cada dos días a un gimnasio, o si simplemente vas a trabajar con la bici o si haces yoga, salsa o taichí. Lo importante es ser consciente de si cuidas tu cuerpo haciendo ejercicio, ya que cuando lo trabajamos de manera regular, nuestro cerebro empieza a sentirse mejor por una serie de sustancias que segrega nuestro cerebro al practicar deporte. Empiezas a ver la vida más bonita, todo se hace más llevadero, menos pesado, y avanzas con más facilidad.

Esto también ocurre cuando cuidas tu alimentación, ingiriendo los productos y los alimentos que el cuerpo necesita, sin tantas grasas, ni azúcares ni productos ultraprocesados. Hoy en día tenemos al alcance muchas cuentas y profesionales en internet y en las redes sociales que nos pueden inspirar mucho y dar ideas sobre nuevas formas de alimentar nuestro cuerpo, mucho más sanas y que nos ayudarán a sentirnos mucho mejor.

Y, por supuesto, también nos ayuda cuidar nuestro cuerpo por fuera. Nuestra imagen también interfiere. Aunque pueda haber quien lo vea algo superficial, está comprobadísimo que, sin obsesionarnos, tratar de entender qué es lo que transmitimos a los demás y qué nos transmitimos a nosotros mismos con nuestra estética y nuestra imagen nos puede empoderar infinitamente, nos puede ayudar a ganar seguridad y mejorar en gran medida nuestra autoestima. Los que me siguen por las redes sociales, principalmente por Instagram, ya saben que, como yo no puedo ni quiero hablar nunca de algo que no he vivido o no conozco de primera mano, quise experimentar también lo que era trabajar la propia imagen para sentir qué se vive y cómo nos afecta. Es algo que siempre había defendido porque soy consciente de la relación que tiene con nuestra autoestima, pero no lo había vivido hasta que conocí a la estilista y ahora gran amiga Piluka de Echegaray. Desde que la conocí y me propuso ponerme en sus manos para vivir en primera persona los resultados y los incontables efectos positivos de su trabajo, no he dejado de recomendarla.

Y es que la realidad es que todos tenemos en cuenta la imagen. Desde aquella persona que quiere saber qué es lo que está de moda para seguir esos cánones hasta quien quiere que todos vean que no quiere seguir esas directrices establecidas. Este último también elige qué quiere mostrar y decide cómo va a hacerlo.

> *Todos comunicamos cosas con la imagen con la que nos presentamos al mundo. Y como también nos comunicamos así con nosotros mismos al mirarnos, es importante tratar de darnos mensajes que nos empoderen, que nos hagan sentir grandes, seguros, capaces y, sobre todo, merecedores de todo lo mejor.*

Si estás en un proceso de recuperación de una relación que te ha dejado devastad@, si tal vez te has olvidado de qué era lo que te gustaba a ti, de cuál era tu estilo antes de esa historia, si te ves mal, con más años encima, envejecid@ por todo el sufrimiento, y no sabes ni cómo ni por dónde empezar, buscar ayuda con un profesional de este sector te puede aportar incontables beneficios y sorpresas.

Cuida tu mente

Analiza qué es lo que te pasa por la cabeza. Qué es lo que te dices, piensas y te repites. Tus pensamientos son los que definen tu actitud, esa con la que te enfrentas a cada nuevo día. Para cultivar una actitud positiva y activar energía y empuje en tu interior, debes empezar por tener pensamientos que los activen. Los pensamientos son los que crean la gasolina que hará que tu vehículo avance con fuerza.

- Antes de levantarte de la cama, cierra los ojos unos minutos. Respira e imagina que tienes la vida que deseas. Conecta con los objetivos que definiste en el paso tres de la recuperación, con aquello que quieres conseguir a partir de ahora, con esa nueva vida en la que ya querrías estar. Suelta toda resistencia o pensamiento limitante que trate de frenarte («eso es imposible»; «adónde vas con eso»; «tú quién te has creído que eres»; «es demasiado»; «como si fuera tan fácil», etc.).

Simplemente imagínalo. Imaginar es gratis y muy sencillo. No pierdes nada. Fantasea con ello, imagínalo como si fuera real, como si fuera verdad, como si estuviera ocurriendo y ya lo tuvieras en tu vida. Como si tu vida ya fuera realmente así.

Al hacerlo y conseguirlo, observa qué emociones se están activando en tu interior. Analiza qué sientes y cómo se está sintiendo tu cuerpo. Excitación, nervios, ganas, ilusión o energía son algunas de las reacciones más frecuentes. En definitiva, lo que se activa son las ganas de ponernos ya manos a la obra para construir esa nueva vida que sabemos que merecemos.

* Elije un mantra, un pensamiento que guiará tu día, algo que quieres que sea el titular o enunciado de esta nueva jornada:
  - Hoy voy a ser feliz.
  - Me amo y merezco lo mejor.
  - Hoy me centro en la gratitud.
  - Soy perfect@ tal como soy.
  - Me cuido y hoy voy a elegir la mejor versión de mí.
  - Hoy me cuido con conciencia: voy a analizar cada cosa que hago para mí (cómo como, cómo cuido el cuerpo y qué decido hacer y con quién).
* Ponte una alarma en el teléfono que suene cada tres o cuatro horas. Cuando esto ocurra, trata de tener una libreta a mano para detenerte, analizar y escribir cómo

estás funcionando. Se trata de que enciendas el foco y tomes conciencia de si lo estás haciendo bien, de si estás alimentando el camino sanador o de si, sin darte cuenta, sigues atascado en el papel de víctima y en actitudes que te hacen descuidarte a ti mismo.

Cuida tus relaciones

Analiza con quién pasas más tiempo. Cuáles son las personas con las que acostumbras a relacionarte. Tanto la familia como los amigos, como lo compañeros de trabajo, todos cuentan y todos crean su interferencia en tu bienestar y, en este momento, en la velocidad de tu recuperación.

A menudo hemos normalizado una forma de relacionarnos con ciertas personas de nuestro entorno que no nos hacen ningún bien. Ser capaces de verlo nos puede sumar muchísimo y aportar incontables beneficios.

Haz una lista de aquellas personas que más peso tienen en tu vida, ya sea porque son las que ves con más frecuencia o las que consideras más importantes.

¿Sientes que cuando quedas con ellas siempre estás a gusto? ¿Que nunca te hacen sentir mal? ¡¡Así debería ser!! De lo contrario, deberías plantearte por qué sigues quedando con ellas o qué es lo que hace que te sea difícil decirles que no. Puede que sea un familiar del que no puedas o quieras alejarte. Puede que sea un amigo y no te sientas capaz de enfrentarte al conflicto que crees que supondría darle una negativa.

Se trata, pues, de analizar y tomar conciencia de si, más allá de la relación insana de la que nos hemos liberado y ya nos estamos recuperando, hay otras personas que también son tóxicas, aunque sea aparentemente en otra medida, y de las que también tendríamos que distanciarnos si queremos reconstruirnos bien y de verdad.

En otro capítulo más adelante te explico cómo hacer frente a este tipo de relaciones, que aunque no sean de pareja, también pueden ser muy tóxicas y, de seguir a su lado, pueden dejarnos devastados.

CAPÍTULO 5

El MALTRATO PSICOLÓGICO

Todo lo que está vinculado al tema del maltrato psicológico, es decir, entenderlo, saber identificarlo y tener las herramientas adecuadas para hacerle frente, me parece tan importante y tan esencial, por ser algo tan destructivo y lamentablemente tan habitual, que no te imaginas la impotencia que me genera el hecho de que no se nos eduque para enfrentarnos a él. Te aseguro que es un escándalo lo normalizado que está en nuestras relaciones. Hay numerosas situaciones en las que está presente y para nada somos capaces de identificarlo porque lo vemos como algo normal, le quitamos toda importancia y nos olvidamos del nivel de gravedad que deberíamos atribuirle.

* Que alguien con quien tú te relacionas te ningunee, deje de hablarte durante varios días o te castigue con el silencio para que tomes conciencia de lo enfadado que está y lo mal que te has portado. Y cuidado, no confundamos esto con los casos en los que uno está realmente dolido porque la otra persona le ha fallado de verdad y necesita gestionar todos los daños causados... no, no. Aquí estoy hablando de cuando alguien deja de hablarnos y, si lo analizamos con un mínimo criterio, nos damos cuenta de que lo está sacando de contexto. En este caso, quien debería estar enfadado somos nosotros y, en cambio, quien nos deja de hablar es el otro.

* Que alguien se comporte de una forma concreta para despertar en ti celos o inseguridades, que te menosprecie o te hable de forma que te sientas pequeñ@, que te haga sentir que no vales o no estás a la altura, que no eres suficiente... en definitiva, que dañe tu autoestima.
* Que alguien hable mal de aquellos a los que tú amas, de tu gente más cercana.
* Que alguien quite mérito a tus éxitos y logros, haciéndote sentir que no es para tanto.
* Que alguien te haga sentir que tus preocupaciones son absurdas e insignificantes.
* Que alguien te manipule para que accedas a determinadas prácticas sexuales que no deseas.
* Que alguien no acepte su parte de responsabilidad en aquellos problemas que tenéis, que no se haga cargo de ninguno de sus errores y tergiverse los argumentos siempre que tengas alguna queja, para que seas tú quien acabe pidiendo perdón.
* Que alguien no te agradezca nunca ninguno de los esfuerzos que haces para que sea feliz y, por el contrario, te hable siempre mal, sin tacto ni ningún tipo de cariño.
* Que alguien te busque o incluso te fuerce para tener sexo después de una discusión o un enfado, cuando esa situación te ha molestado mucho y no quieres tener relaciones sexuales.
* Que alguien castigue a su pareja sin sexo o sin cariño, adrede, para hacerle daño.

Podría seguir con la lista hasta el final del libro. Y sé que quien más, quien menos ha vivido alguna de estas tristes situaciones. Y el hecho de que las vivamos y de que la mayoría de nosotros no sea capaz de identificarlas como tales, como lo que son, maltrato psicológico, me parece algo alarmante. Sobre todo porque cuando se dan estas situaciones, no ocurren de una forma aislada y puntual. Para nada. Si ocurren, es porque esa forma de actuar es parte del funcionamiento de la persona. Salen espontáneamente y volverán a salir de igual manera una y otra vez. Y son formas de actuar que hacen daño. Que causan heridas en quien está al lado. Aunque uno se acostumbre, le quite importancia o cierto peso, y haga como si no tuviera tanta gravedad, el daño que causan es el mismo y la herida es cada vez más profunda.

Y como te decía antes, solo hay una forma de cambiar esto: con la educación. Y gracias a la educación, con la prevención.

Para ayudar a identificar el maltrato psicológico a través de la educación, hay que educar también en autoestima. Solo cuando uno es consciente de su valía personal y de dónde empieza y acaba la dignidad de cada ser, será capaz de poner límites a todo aquello que le dañe o le ponga en riesgo. ¿Por qué si vemos por la calle a una persona insultando a su pareja, sentimos un pellizco interior que nos hace reaccionar y, en cambio, tantas veces cuando le pasa a uno mismo, aparte de no reaccionar, ni siquiera lo ve? ¿Por qué cuando lo vemos en una película nos duele y cuando lo vivimos nosotros, no lo identificamos como algo que tenga la misma gravedad?

La respuesta es fácil. Porque no tenemos una buena autoestima. Ella es la que nos protegerá de este tipo de tratos y experiencias, la que nos ayudará a saber dónde van nuestros límites y dónde colocar barreras, y la que nos permitirá protegernos y saber de quién y cuándo nos debemos alejar.

Apostemos por una mejor educación en autoestima y relaciones sanas, que nos permita ser más fuertes y vivir siempre abrazados a nuestra dignidad.

A continuación quiero hablarte de algunas de las formas más frecuentes de maltrato psicológico, para que las puedas identificar con mayor claridad. Algunas han existido siempre y otras se han etiquetado en los últimos tiempos. Seguro que muchas de ellas te serán familiares...

LUZ DE GAS

Hacer luz de gas es una forma de maltrato muy destructiva. Sucede cuando otra persona te descalifica psicológicamente, logrando manipularte hasta el punto de que tú te cuestionas tu propia realidad, tus recuerdos o incluso tus percepciones.

Se puede dar en el ámbito de la pareja, pero también en el ámbito laboral, en la propia familia o con los amigos, y se considera extremadamente peligroso porque implica ir alejándote de lo que para ti es real y dudar de todo.

Para que lo veas más claro, a continuación te describo algunas acciones concretas que te llevarían a sufrir luz de gas:

* Alguien exagera tus defectos, haciéndote sentir inferior o inútil: «Pero mira que eres inútil, es que no sirves para nada». Además, no es algo que te dicen de forma puntual, sino que lo van repitiendo una y otra vez, incluso en público delante de otras personas.
* Si le atreves a cuestionar algo de lo que te dice esa persona, pueden hacerte quedar en ridículo delante de quien sea de una forma teatral y muy exagerada.
* Cuando esa persona se da cuenta de que te vas hundiendo, su crueldad aumenta aún más.
* Las mentiras que trata de hacerte creer sobre ti mism@, las explicará también a los demás, a las personas de vues-

tro entorno, con lo que acabarás sintiendo vergüenza de quedar con ellas y que te vean con esos defectos. Esto puede que te lleve a ir aislándote y a que no quieras quedar con nadie más que con tu agresor.

* Esa persona siempre suele combinar esa forma de maltrato con algunos momentos puntuales de palabras bonitas, de «aparente cariño», para que te confundas y pienses que todo lo hace por tu bien y por lo mucho que te ama...

Estar al lado de alguien que te trate así es extremadamente peligroso porque te arrastra hasta el punto de perderte a ti mism@ y de alejarte de quién eres y de tu propia identidad, destruyendo por completo tu autoestima y deformando tu autoconcepto.

Es muy importante que, si alguien detecta alguna de estas señales o tiene dudas de poder estar sufriendo las consecuencias de este tipo de trato, lo consulte con un experto o lo hable con alguien de mucha confianza. **Tener el valor de mostrarte vulnerable ante otros en quienes confías te permitirá mostrarles aquello que te ocurre, a pesar del miedo a sentirte juzgado. Es lo único que te dará fuerzas para conseguir escapar de lo que supone estar ahí atrapado.**

Te recomiendo que veas la película *Luz de gas* (*Gaslight*, 1940), en la que se describe a la perfección este tipo de maltrato psicológico.

GHOSTING

El *ghosting* es un término que se ha puesto muy de moda y del que se habla mucho, principalmente tras la aparición de las redes sociales. Es un término que viene del inglés *ghost* («fantasma») y se refiere a aquellas personas con quienes estás iniciando una relación y, aunque tú creas que todo está avanzando correctamente, de repente un día, sin más, desaparecen, se esfuman, como si la Tierra se los hubiera tragado. Esto, si te ocurre cuando estás en plena fase de enamoramiento, puede ser para ti un golpe durísimo de gestionar.

Una variante del *ghosting* es el *caspering*. Proviene de la palabra *Casper*, el fantasma, y se refiere a esas personas que te van dando largas cada vez que pretendes citarte con ellas y no acaban quedando nunca contigo.

¿Qué consecuencias vive la persona que sufre *ghosting* o *caspering*?

- Siente culpa por creer que ha hecho algo mal, que es responsable de ese distanciamiento en la otra persona.
- Se obsesiona con encontrar una explicación que justifique esa desaparición. El cerebro siempre necesita comprender el porqué de las cosas, y más cuando nos hacen daño. Es la única forma que tiene de protegernos y de que no suframos tanto en futuras ocasiones.
- Sufre un golpe muy fuerte en la autoestima. A menudo uno siente que no ha estado a la altura o que no ha sido suficiente para la otra persona, y por eso se ha largado.
- Daños colaterales. Al principio te preocupas por si le ha pasado algo, pero si luego sabes de él o ella por otras personas y te consta que está muy bien, aún te sentirás peor.
- Desprecio y humillación. Si le escribes y ves que ha leído tu mensaje y aun así no responde, eso es humillante. Eso te hace sentir que no le importas en absoluto y que no mereces ni una mínima explicación. Es muy duro para quien lo vive.

1. **Asumir que no le importas.** Alguien que te trata así te está demostrando que no te quiere en su vida.
2. **Asumir que es una persona irrespetuosa, cruel y dañina.** Alguien que no siente compasión hacia los demás es alguien que, sin duda, volverá a dañarte en el futuro.
3. **Tener claro que no es culpa tuya.** Debes comprender que esa persona está dañada y de que tú no has tenido nada que ver con lo que ha ocurrido.
4. **Dejar de dar vueltas y rememorar todo lo que te prometió y lo maravilloso que viviste a su lado.** Lejos de esto, que solo te hará sufrir más, céntrate en cómo te está tratando ahora y ten muy claro que esta es su esencia de verdad.
5. **Haz contacto cero.** Si ha desaparecido por completo, te ha hecho un gran favor, pero si tienes posibilidad de saber de él/ella a través de otros, evítalo totalmente. Cuanto menos te cuenten y menos sepas, más rápido pasarás página de esa experiencia tan cruel.

LOVE BOMBING

El *love bombing* es una técnica para atrapar a la persona de la que estás enamorad@. ¿Te ha pasado alguna vez que has conocido a alguien, habéis empezado a quedar y a salir, y te repite día y noche todas tus cualidades, lo mucho que te admira, la suerte que tiene de haberte encontrado, los planes de futuro que sueña a diario realizar a tu lado... y luego, de repente, un día todo se acaba sin más? Pues te ha hecho *love bombing*.

Pasáis de hablar a todas horas y veros cada dos por tres al silencio y la ausencia más absolutos. No entiendes nada, no te cuadra nada, nada tiene sentido. No es algo coherente porque, aparentemente, no ha pasado nada que haya podido provocar ese cambio a nivel emocional en la otra persona. Y está claro que ese *shock* al pasar del cien al cero absoluto no es fácil de gestionar.

Está claro, sin embargo, que son casos que demuestran que, cuando empieza una relación, debemos ser muy cautelosos y no olvidar que todo requiere su tiempo. Conocer a alguien y tener la seguridad de que podemos confiar en esa persona, en los sentimientos que comparte con nosotros y en los planes que quiere construir en común requiere tiempo y vivencias de todo tipo. Solo cuando hayas vivido varias cosas en distintos escenarios con alguien, irás descubriendo quién y cómo es en realidad. Más allá de disfraces, de máscaras y de todos los atuendos que nos pongamos al principio.

No olvides que, tras el enamoramiento inicial, toda relación puede acabar. Y recuerda siempre que, cuando algo así, tan incoherente, sucede en tu vida, probablemente no es que hayas hecho nada mal, sino que la otra persona es incapaz de compartir contigo que sus sentimientos han cambiado y ni siquiera sabe por qué. Su cobardía le hace desaparecer sin más, y ese vacío es lo que debes ser capaz de transitar para no quedar atrapad@ en esa persona.

HOOVERING

Hoovering es una palabra de origen inglés que significa «aspirar». En las relaciones se refiere al hecho de ser aspirado o manipulado por la otra persona para que regreses a la relación tóxica de la que ya habías salido. Lo intenta a través de acciones para darte pena o hacerte sentir culpable (como amenazas de suicidio, conductas autolesivas, acusaciones falsas, etc.), o bien tratando de seducirte con la idea de que necesita que volváis a estar juntos, volver a compartir todo lo que compartíais, y comentarios de este tipo.

Hacen cosas como enviarte, de repente, después de mucho tiempo de separación, un mensaje lleno de nostalgia, expresando cuánto te echan de menos y te necesitan.

Se hacen la víctima, te dicen lo mal que están y el poco sentido que tiene su vida ahora que tú no estás. También acostumbran a recurrir a tus amigos para darles pena y que sepan cuánto sufres, el increíble concepto que tienen de ti y lo importante que eres para ellos, lo arrepentidos que están... Incluso muchos contactan con tu familia, hablan con tus padres con frecuencia para expresarles cuánto te extrañan...

Su único objetivo es volver a recuperar tu atención, que vuelvas a hablar con ellos y cedas ante una posible reconciliación. Ante esto, es importantísimo no olvidar jamás el motivo por el que decidiste dejar la relación.

Está comprobado que, a menudo, cuando se dan este tipo de manipulaciones en las relaciones, es porque la persona que las lleva a cabo sufre algún trastorno psicológico, como un trastorno de personalidad narcisista o un trastorno límite de la personalidad.

CUSHIONING

El *cushioning* es una técnica de citas en la que, aunque puede que tengas tu pareja, tienes también varios *cushions* («almohadones»), que son esas personas con las que flirteas de vez en cuando para que te amortigüen el golpe cuando tu relación se rompa y así no te quedes solo y el cambio no sea tan duro.

Está claro que es una actitud totalmente cobarde, movida por el miedo a quedarse solo. Por supuesto, actuar así demuestra que la persona tiene unos valores que debes plantearte si te interesan para tener una relación con él o ella. Implica un nivel de falsedad y de aptitudes interpretativas dignas de un premio Goya.

Tiene claro con quién quiere estar y quién quiere que sea su pareja, pero aun así no quiere dejar escapar las otras opciones ni cerrarse puertas, «por si acaso»...

Y está claro que esto es algo que le puede pasar a cualquiera. No puedes evitar empezar una historia con alguien y que te haga *cushioning* y te utilice como almohada *por si un día se queda sin su pareja principal*. No puedes evitar que la persona de la que te enamoras te mienta, te diga que no tiene ninguna relación con nadie y que quiere estar contigo, y que la realidad no sea esa. Y si llega el día en el que descubres todo lo que hay detrás y todas las mentiras, está claro que tendrás que gestionarlo psicológica y emocionalmente. Que te engañen de esta forma y tener la sensación de no saber con quién has estado, o qué era real y qué era mentira, es muy doloroso... Aun así, cuando lo descubras (si es que te ocurre alguna vez), trata de pensar que menos mal que lo has desenmascarado y que mejor ahora que dentro de más tiempo. Trata de aprender de la experiencia y de las señales que viste en esa persona que te hacían intuir que algo no cuadraba en esa relación.

BENCHING

El *benching*, que vendría a significar «tenerte en el banquillo», no es otra cosa que cortar contigo, pero sin dejarlo como algo definitivo. Te apartan, te dicen que no, pero siempre te dan un halo de esperanza. Te ponen alguna excusa del tipo «de momento no puede ser» o «primero tengo que solucionar aquello», con lo que tú piensas que el problema está en la otra persona, que debido a ese problema se ven obligados a dejarte a un lado, pero que para nada quieren perderte. Además, suelen aderezarlo con comentarios del tipo «no querría perderte», «espero que no te alejes» o «con el tiempo seguro que todo se soluciona».

Y es por este motivo, por no ser claros ni honestos contigo, que tú te mantendrás ahí, en el banquillo, esperando fiel a que te saquen a la zona de juego de nuevo. Pero tarde o temprano te darás cuenta de que eso jamás sucederá.

BREADCRUMBING

También existe el *breadcrumbing* («dejar migas de pan»). En este caso, la persona que actúa de este modo va dándote migajas de vez en cuando (por ejemplo, haciéndote preguntas por mensaje, preocupándose por cómo estás, proponiéndote para quedar de vez en cuando), pero si lo analizas y echas la vista atrás, te das cuenta de que nunca se materializa nada.

He tenido pacientes que han quedado atrapad@s durante mucho tiempo con personas que les hacían exactamente eso. Algunas veces llegaron a quedar de manera puntual, pero eran personas que llamaban, por ejemplo, a las tres de la mañana para tener sexo y ellas jamás les daban un «no» por respuesta. Ellos lo sabían y se aprovechaban, pero a ellas les costaba mucho aceptarlo. Les decían cuatro cosas bonitas, las hacían sentir especiales (básicamente para conseguir lo que buscaban de ellas) y luego desaparecían de nuevo, soltando una migaja de vez en cuando y ya. Si ellas les proponen quedar, o no responden, o dan largas, o contestan a los tres días...

Si te cruzas con alguien así, el sufrimiento está asegurado.

CAPÍTULO 6

Personas tóxicas EN NUESTRA VIDA

Tal y como ya hemos comentado, las personas tóxicas no solo se encuentran en el ámbito de la pareja. Recibo muchos mensajes y consultas sobre qué hacer cuando esa persona en cuestión es una madre, un jefe o un amigo. Y por ser algo tan frecuente y con lo que a menudo cuesta lidiar, voy a dedicar este capítulo del libro a profundizar en ello. Porque aunque *a priori* pueda parecerte que no son relaciones tan importantes como la de pareja, sí lo son.

Al ser seres sociales, los humanos necesitamos tener amigos y relacionarnos con la familia. Además, nos guste o no, debemos lidiar con compañeros de trabajo y con jefes o trabajadores. Y cuanto más sanas sean estas relaciones y estos vínculos, mucho mejor nos sentiremos.

Lo que ocurre es que debido al problema tan generalizado de falta autoestima que hay en nuestra sociedad, en general nos cuesta mucho poner límites, expresar de forma asertiva cuando algo que ha sucedido no nos parece bien o nos hace sentir mal, decir «no» cuando eso es lo que deseamos, y mantenernos firmes y tranquilos con nuestra postura.

Tenemos muchísimo miedo a los conflictos, a las discusiones, al enfado ajeno, a que los demás decidan prescindir de nuestra compañía, a que prefieran a alguien que sea mejor que nosotros y a que, al final, nos quedemos solos. Y aquí tenemos, una vez más, el eterno problema del miedo a la soledad y al abandono. El miedo más antiguo que existe en nuestro cerebro... No lo podemos evitar, pero sí que podemos educar al cerebro y aprender nuevas maneras de gestionar dicho miedo, para que no nos condicione ni nos lleve a actuar de una forma que sea tan perjudicial para nosotros.

Se puede tener miedo al conflicto por temer que este nos lleve a que los demás se enfaden, no entiendan nuestra postura o se vayan. Pero lo que no podemos hacer jamás es perder la dignidad. Ante nadie. Ni ante un padre, ni ante una madre, ni ante un supuesto amigo ni ante alguien de nuestro trabajo o empresa. Insisto, jamás. Porque cuando pierdes tu dignidad, ya no te queda nada.

La dignidad es el derecho del ser humano de ser respetado y valorado con sus características y peculiaridades. Tener dignidad implica hacerte valer como persona y comportarte con respeto hacia ti mismo y hacia los demás. Y, por supuesto, implica no permitir que te humillen ni degraden de ningún modo.

Creo que es muy importante aprender a detectar cuáles son las situaciones o personas ante las que a veces, o a menudo, perdemos la dignidad, y permitimos esa degradación tan perjudicial para nuestro ser.

Analicemos pues qué es lo que ocurre, cómo lo vivimos y cómo debemos actuar cuando hay personas tóxicas que nos debilitan o destruyen y acabamos perdiendo la dignidad en estos tres ámbitos tan importantes de nuestra vida, más allá de la propia relación de pareja.

AMIGOS TÓXICOS

Los amigos, al igual que la pareja, se eligen. Uno tiene la libertad de decidir con quién quiere quedar, a quién quiere conocer más y con cuál va a sincerarse para contarle cosas íntimas o pedirle consejo sobre algo que le preocupe de verdad. Así es como se construye la verdadera relación de amistad: mostrándote vulnerable ante el otro. Sin miedo al juicio o a la crítica, sin miedo a que aprovechen tus heridas para manipularte ni hacerte daño. Sin miedo a la empatía perversa ni al maltrato claramente intencionado.

Cuando le preguntas a la gente qué es la amistad, las respuestas más frecuentes suelen ser del tipo: son la familia que eliges; son personas de quienes recibes afecto, en las que puedes confiar, a quienes les importa tu dolor, que tratan de evitarlo o aliviarlo; personas con quienes te diviertes, con quienes puedes ser tú mismo sin sentirte juzgado; personas que te apoyan de forma incondicional, que están ahí si las necesitas, que cuentan contigo; que te escuchan de verdad porque realmente les importa lo que te ocurra...

Probablemente, tú también estés de acuerdo con esta descripción. Sin embargo, en muchas ocasiones tenemos algún amigo con quien no nos sentimos así. Puede que sea alguien a quien cada vez que tratamos de explicar algo nos damos cuenta de que ni nos escucha, porque tras nuestras dos primeras frases nos corta y se pone a hablar de sí mismo. O alguien que nos juzga de inmediato y nos dice siempre lo que tendríamos que hacer, sin ni siquiera tratar de entendernos. O puede que sea alguien que siempre que está mal nos llama, pero que cuando nosotros le necesitamos, casualmente nunca está disponible y siempre tiene alguna excusa. Puede que sea alguien que cada vez que nos vemos, al volver a casa, nos damos cuenta de que nos sentimos peor que cuando salimos, ya sea porque nos ha quitado la energía o porque con algún comentario nos ha hecho sentir mal. Tal vez nos critica, desaprueba nuestra forma de ser o nos dice que deberíamos ser diferentes. En cualquiera de estos casos, estaríamos hablando de una persona tóxica en nuestro círculo de amistades.

Yo clasifico los amigos tóxicos en los tres tipos que describo a continuación.

El amigo «cubo de basura»

De estos hay muchos. Para ellos, tú tienes una clara función en su vida que, además, te la adjudican por derecho, es decir, te hacen sentir que realizar esa función es tu obligación: se trata de ser su cubo de la basura. Ese cubo en el que ellos puedan vomitar todo cuanto necesiten cuando se sientan mal. Es un cubo que pretenden tener siempre disponible y preparado para ellos por si les apetece echar algo dentro y desahogarse.

Se trata de esos amigos que te llaman a cualquier hora para repetirte una y otra vez lo mismo. Tú, al principio, les escuchas y tratas de darles tus mejores recomendaciones, puntos de vista y consejos. Ellos se sienten agradecidos y complacidos, les va muy bien que estés ahí y que les hagas de psicólogo de forma altruista y bondadosa. Se desahogan, vacían sus excrementos emocionales en ti y se quedan mejor. Tú lo haces desde la amistad que supuestamente tenéis; sabes que hay que estar para los amigos y ahí estás cumpliendo tu función.

El problema viene cuando te das cuenta de que tras colgar el teléfono (en llamadas que, por cierto, no suelen durar menos de cuarenta minutos) hacen caso omiso a todo lo que les has dicho y vuelven a lo suyo. Y también cuando te das cuenta de que, si algún día eres tú quien está mal, ni siquiera te escuchan, y lo que te demuestran es que no les importa lo más mínimo lo que te suceda, porque solo se importan a sí mismos. Y si, por lo que sea, un día les dices que no o intentas expresarles lo que te ocurre o cómo te hacen sentir, serán ellos los ofendidos y los que, con bastantes probabilidades, empezarán a hablar mal de ti a toda costa.

EL CASO DE SARA

Sara es psicóloga y se especializó en temas de nutrición para ayudar a todas aquellas personas que sufren problemas con la alimentación. Plenamente consciente de su dificultad a la hora de poner límites y decir que no, se ve a sí misma como una persona que siempre está dispuesta a ayudar a los demás. Y eso hay ciertas personas que lo detectan de forma muy clara y tratan de aprovecharlo para sí mismas.

Por este motivo, Ana, tras conocerla, se arrimó a ella enseguida. Al principio parecía algo que con el tiempo no acabó siendo. Ana la llevaba con ella a los actos que organizaba, le presentó a gente de su entorno a la que Sara le encantaba conocer, pero al mismo tiempo, basándose en su supuesta amistad, la llamaba de vez en cuando y la tenía al teléfono más de una hora. Todo eran quejas, críticas y desgracias. Ana era la típica persona que, si la escuchas, te das cuenta de que cuando analiza su propia vida, la describe como que todo le va mal. Todo, absolutamente todo es negativo. La gente de su entorno es mala, esa pareja que tiene no hace lo que ella quiere, su ex es lo peor del mundo, en el colegio del niño también están en su contra... en fin.

Y a Sara le ocurrió lo que le ocurre a la mayoría de las personas que conocen, de buenas a primeras, a alguien así. Se lo creen todo. Suelen tener un discurso muy bueno, una gran capacidad de comunicar (como buenos narcisistas), pero solo buscan su propio premio. Descargar peso.

Sara le daba la razón y la compadecía, con lo que, cada vez que Ana necesitaba despotricar de su ex, allí estaba ella diciéndole: «¿Qué te ha hecho ese animal ahora?». Consiguió así que Sara se pusiera totalmente de su lado.

Así pasaron los meses, hasta que un día que Sara había quedado para cenar con su pareja, la llamó Ana preguntándole si podían quedar un ratito, que tenía ganas de verla y charlar con ella. A Sara le supo mal decir que no porque, ciertamente, llevaban semanas sin verse, y la invitó a su casa para tomar unos vinos. Le dijo que solo tenía una hora porque luego había quedado, y a Ana le pareció genial.

Pasó la hora y Sara casi no habló, solo escuchaba lo mismo de siempre. La historia con su ex. Con la mejor de las intenciones le recomendó que tal vez le iría bien pedir ayuda a un psicólogo y ella se ofendió, alegando que sabía perfectamente quién tenía que ir al psicólogo y que esa no era ella. Sara se sentía cada vez más contracturada, era como si su cuerpo se fuera tensando cada vez más al escucharla con su repetitivo y cansino discurso.

Al final, casi tuvo que echarla de su casa porque no se iba (a pesar de haberla ya informado de que había quedado), y cuando por fin se encontró con su pareja y entraron en el restaurante, Sara se dio cuenta de que estaba como si le hubieran quitado toda la energía del cuerpo. Era algo exageradísimo. No podía ni agarrar el tenedor. Nunca antes había tomado tanta conciencia de algo así como en ese momento.

Ese momento fue para ella como un despertar. Empezó a recordar momentos vividos con Ana, gestos poco respetuosos que había tenido con ella, actitudes infantiles, como celos hacia Sara, y otras conductas que la ayudaron a darse cuenta de que esa relación no era, para nada, como ella creía.

Decidió cortar el vínculo y se alejó, a lo que Ana respondió muy mal, tal y como era de esperar. «A mí nadie me hace esos feos», le dijo. «Ya me lo advertía Martin —su actual pareja y, según ella, adicto al sexo con otras—: “Esa Sara tiene una mirada que no me gusta nada”». Luego se enteró por otras amistades en común que había explicado cosas que Sara le había contado, cosas íntimas y que a ella le dolían, dejándola de loca y desequilibrada. En fin, que empezó a hablar mal de Sara ante todo aquel que se le puso delante, sin cortarse ni un pelo a la hora de soltar todos los insultos más humillantes que se le ocurrían.

Sara estuvo unos días mal, pero con el tiempo se dio cuenta de que era mejor así. No podía esperar que reaccionara como una persona equilibrada, porque Ana no lo era, estaba claro. Tuvo que bloquearla para ni siquiera verla en su lista de contactos. Lo borró todo y poco a poco la fue dejando atrás. Pero lo importante, en su caso y en otros similares al suyo, aparte de lograr hacer contacto cero absoluto, es aprender de la experiencia. Aprender a mirar con otros ojos y analizar lo que ocurre con un poco de perspectiva para que este tipo de situaciones no se repitan con demasiada frecuencia.

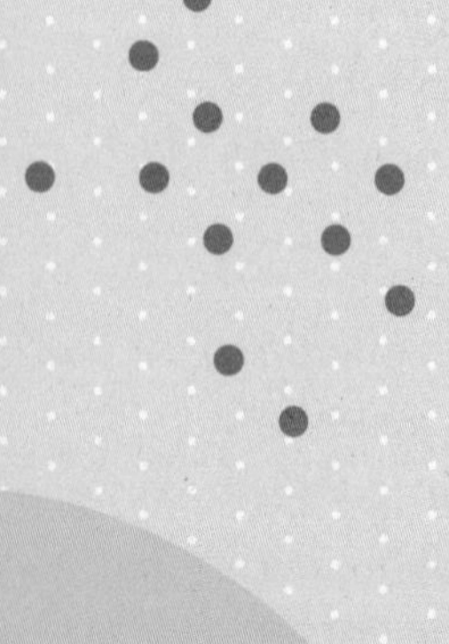

El amigo «verborreico»

Este es un grupo parecido al anterior, pero menos tóxico, en el sentido de que su único problema es que solo habla de él y no escucha jamás, pero si le necesitas, vendrá a por ti y tratará de ayudarte. Eso sí, el precio que deberás pagar es el de tener que aguantar su verborrea, que, por cierto, cuanto más nervioso esté, más le costará controlar.

No pueden evitarlo. Aunque no lo hagan desde una clara maldad, pueden producir en ti un desgaste muy profundo, así que debes preguntarte si realmente te compensa o si el agotamiento que te crean es demasiado.

EL CASO DE INÉS

Inés no es mala persona. En absoluto. No es que hable mal de la gente ni que sienta ninguna necesidad de hacer daño a nadie. Pero tiene un problema y es que posee rasgos narcisistas. No padece un trastorno de personalidad como tal, pero no es capaz de ver a nadie más que a sí misma. En todos los sentidos.

Es de esas personas que cuando la escuchas hablar, todas y cada una de sus frases empiezan por «yo...» o «mi...».

A las personas como Inés, cualquier cosa que les expliques ya la saben siempre (o eso afirman con seguridad); cualquier experiencia que quieras compartir con ellas ya la han vivido antes que tú; cualquier cosa que te hayan contado ya la sabían porque les había llegado la información antes que a ti; te dan explicaciones sobre cualquier tema por mucho que no tengan ni la más remota idea; ellas siempre más y siempre mejor. Y si no son ellas, será su tío, o su padre, o su madre, o su hermana, pero, como te digo, toda frase empieza por «yo...» o «mi...».

Y claro... tener a alguien así al lado, por mucha buena voluntad que le pongas, cansa. Cansa mucho. O mejor dicho, agota sobremanera. Si son personas que trabajan de cara al público, pueden perder muchos clientes a causa de esto.

Inés era masajista profesional. Imagina ir a hacerte un masaje para relajarte y encontrarte con semejante perfil que está los cuarenta y cinco minutos de la sesión hablando sin parar y contándote su vida, sus proezas y sus incontables éxitos. Yo creo que, al salir de allí, sus clientes tenían que pedir hora a la competencia para desestresarse de ella, porque eso contractura sí o sí.

El problema es que suelen ser perfiles que no se dan cuenta del problema que tienen. Ellos ni siquiera lo ven, porque desde su punto de vista, simplemente tienen una idea y la comentan. Les viene algo a la cabeza y lo sueltan. Lo que ocurre es que están tan encerrados en su egocentrismo que cualquier pensamiento que les venga siempre será de este tipo, nada más. Yo-mi. Y no los sacarás de ahí.

Además, si has vivido una experiencia con algún amigo así, te habrás dado cuenta de que cuando —para variar— intentas explicarles algo tú, te cortan a media frase con alguna aportación (sobre ellos, claro está) que, seguramente, no tiene nada que ver, con lo cual tomas conciencia de que no te han escuchado. En absoluto.

Eso es algo que con el tiempo va desgastando un montón. Hasta que tal vez llegue el momento en el que te plantees si vale la pena seguir manteniendo ese vínculo. De si realmente quieres seguir quedando con esa persona o no, porque el desgaste no te compensa con lo poco que te aporta.

Llega un momento en el que si ves que empiezas a desahogarte con otras personas hablando de él o ella, y notas que cuando quedáis cada vez te sientes peor y con más ansiedad, es que es hora de irte.

El amigo «por interés»

Este también es un perfil con el que te puedes cruzar con frecuencia sin darte cuenta. Se trata de aquellas personas que se arriman a ti porque ven que tienes algo que les interesa. Muchas veces es por un hambre de éxito mal gestionada o porque quieren llegar a donde estás tú. Te halagan con varios tipos de artimañas bien estudiadas, te hacen sentir que te admiran y que quieren ayudarte en lo que puedan, y lo que quieren realmente es quedarse con todo aquello que te pertenece a ti.

A veces, algunas personas con una vida social plena, construida durante años desde el cariño y la buena fe, se dan cuenta de que todo el mundo de repente les da la espalda y descubren que es porque ese «supuesto amigo» ha empezado a hablar mal y a dejarles fuera. Es decir, tú les ha introducido en tu mundo y les has abierto todas las puertas, les presentas a tus amigos y los llevas contigo, pero luego, cuando ya están dentro, hacen todo lo posible hasta que consiguen dejarte a ti fuera y quedarse en lo más alto.

Conozco mucha gente que ha vivido esta experiencia tan dolorosa y difícil de gestionar. De nuevo, el cerebro no entiende cómo alguien puede actuar así. Y es que si actuar así no forma parte de tus valores esenciales, no podrás comprender cómo alguien puede hacerlo. Sin embargo, está claro que ante eso solo hay un camino y una dirección, que es aceptarlo y seguir con nuestro proyecto lo más lejos posible de ese individuo.

EL CASO DE LUIS

Aún recuerdo el caso de Luis. Él era periodista y presentaba un programa de deportes con mucha audiencia.

En una fiesta le presentaron a Carlos, un chico muy divertido y extrovertido, de esos que a los cinco minutos de conocerlo ya te caen bien. Carlos había empezado la carrera de Periodismo, pero nunca la acabó. Era un chico muy guapo que sabía sacarse partido. La cuestión es que empezó a llamar a Luis, y sin que este supiera ni cómo, acababan invitándole a todas las fiestas y reuniones a las que este asistía. Y cuando iba, hacía siempre el trabajo muy bien: se encargaba de hacerse su propia campaña para darse a conocer y que todo el mundo se quedara con su nombre. Tanto fue así que un día Luis se dio cuenta de que hubo un evento al que a él cada año le invitaban y del que no había recibido invitación alguna. También estaba liado con otros proyectos y, al final, no fue.

Pero la sorpresa la tuvo cuando vio en una revista del corazón una foto de Carlos, en medio de todos sus amigos, también famosos como él. Allí estaba él, sonriente con su blanca dentadura, y mostrando la felicidad que sentía por cada poro de su piel.

La pareja de Luis siempre le decía que veía a Carlos demasiado insistente, demasiado acaparador, un punto maleducado. Pero Luis no había querido darle importancia, hasta el día en el que lo vio en esa revista. No entendió qué había pasado para que le invitaran a ese evento tan importante y a él no. Y es que se daba cuenta de que, en realidad, Carlos no pintaba nada allí, no era nadie vinculado al mundo del periodismo ni de la televisión ni formaba parte de ningún círculo que encajara con las invitaciones para ese acto. Pero ahí estaba.

Al día siguiente habló con la organización para saber por qué no le habían invitado. Una persona muy cercana a Luis le confesó que Carlos se había convertido en la mano derecha de uno de los directores de ese evento y que le había convencido de que Luis ya no pintaba nada allí y de que era mucho mejor que no estuviera presente.

Luis no lo podía creer. No daba crédito a esas palabras. Y se lo creyó porque la persona que se lo contó era de su absoluta confianza, de esas que sabes que no te van a mentir con algo así. Pero de haber sido otra persona quien se lo contara, jamás se lo habría creído.

¿Por qué iba a hacerle algo así? ¿Cómo era eso posible? No lo podía creer. Él, que siempre le había abierto las puertas desde el primer momento, que le había presentado a todo el mundo para que se abriese camino, que le había contado tantas cosas y había confiado en él, y ahora... Ahora Carlos le arrinconaba de ese modo tan despiadado y cruel.

Pues sí, esas cosas a veces pasan. Luis necesitó varias semanas para recomponerse de ese golpe tan duro y desestabilizador. Le costó bastante, aunque al final comprendió qué era lo que tenía que aprender él de eso.

¿Qué hacer cuando detectamos que tenemos un amigo tóxico?

Está claro que en el colectivo de las amistades también encontramos a personas que sufren trastornos de personalidad como el trastorno límite o el trastorno narcisista, que son los más frecuentes.

Y también en este colectivo debemos tomar medidas extremas tras identificarlos, si no queremos acabar pagando precios cada vez más elevados.

Yo creo que, al fin y al cabo, una vez identificados, al igual que ocurre con las parejas, es importante asegurarte de conseguir dos objetivos:

1. **Tomar distancia cuanto antes.** Alejarte de ellos en todos los sentidos y de todas las formas posibles. Eso significa tener contacto cero, bloquear o cambiar de ambientes, de bares, de actividades o de lo que sea, con tal de no encontrarte con esa persona de nuevo. Y es que encontrar a esta persona significa pasar un mal rato asegurado porque, igual que sucede con los ex que encajan con estos perfiles, nada más verlos, tu corazón se acelera y sienes una fuerte taquicardia.

   Si alguna vez te pasa, no debes preocuparte porque es una reacción totalmente normal. Tu cerebro sabe todo lo que sufriste estando a su lado y teniéndole cerca, por lo que lo tiene asociado a un peligro para ti. Es alguien que pone en riesgo tu tranquilidad y tu estabilidad psicológica, emocional y física, y por eso el cuerpo se acelera y se pone en tensión para salir corriendo si hace falta. Simplemente debes dar media vuelta e irte bien lejos. Sin más preámbulos ni excusas.

2. **Asegurarte de haber aprendido lo necesario, evitando así caer en el papel de víctima y que, por ello, te vuelva a suceder lo mismo en el futuro.** De poco sirve lamentarte por lo que te han hecho, por la mala suerte que has tenido o por no haberte dado cuenta de lo que te estaba sucediendo. De poco sirve, una vez eso ya pasó, entrar en el capítulo de la victimización y los lamentos. De poco no, de nada. No sirve absolutamente para nada. Y por ello, te pido que, por favor, trates de evitar caer allí. Es una zona que denigra, mortifica, empequeñece y destruye a quien no es ni pequeño ni débil. Puede que te sientas así por lo ocurrido, pero, créeme, es mejor que trates de respirar hondo, dar un golpe en la mesa y decir: «Ok, es cierto, esto me ha pasado y no lo vi venir. Pero ya fue. Ya está. Y ahora me levanto de nuevo de la silla, con toda mi dignidad, y sigo mi camino. Entiendo que ha habido señales que no he sabido interpretar y conductas que no he querido ver, pero tomo conciencia, las asumo y me responsabilizo. Me aseguraré, de ahora en adelante, de no olvidarme de nada de esto para tenerlo claro si algo parecido me vuelve a suceder».

Y a partir de ahí sigues con tu camino, con la cabeza erguida y el paso firme. Porque aunque te hayan hecho daño, aunque sientas que te han pisado, decepcionado o derrumbado a nivel emocional, eres un ser humano y, como todos, estás aquí para aprender y para crecer. Y eso haces. Y eso seguirás haciendo. Tratarás de no seguir dando vueltas a lo ocurrido y mirarás fijamente hacia el futuro que a partir de hoy quieres construir.

FAMILIARES TÓXICOS

¿Qué ocurre cuando la persona tóxica en cuestión es un familiar? Imagina que es tu padre, tu madre, tu hermano o tu hermana. Es cierto que cuando algo o alguien es tóxico, lo primero que hay que hacer es alejarlo de ti para que deje de dañarte, pero cuando se trata de un familiar directo, el contacto cero se complica, o incluso muchas veces no queremos hacerlo.

Y es que el hecho de que alguien no quiera hacer contacto cero con su madre, por ejemplo, es totalmente comprensible y del todo normal. Aun así te diré que hay casos y casos y que, en algunas ocasiones, deberíamos valorarlo.

Antes comentábamos el hecho de que elegimos a nuestra pareja y elegimos a nuestros amigos, por lo que, si tras una experiencia en la que sentimos que nos hemos equivocado en la elección, aprendemos de ello, probablemente en la siguiente elegiremos mejor. Es decir, asumimos la responsabilidad del error o aceptamos que en este momento ya no estamos bien a su lado y que debemos alejarnos, y por nuestro bien así lo hacemos.

Ahora bien, no elegimos a nuestros progenitores y familiares directos. Nos tocan los que nos tocan. Puede que si eres una persona muy espiritual, creas que sí que los elegimos a nivel de alma, para hacer unos aprendizajes determinados, pero en este libro no entraremos ahí. Y puede que, si te ha tocado vivir en una familia claramente tóxica, no haya día que no te preguntes: «¿Por qué me ha tenido que tocar una madre así?» o «¿por qué mi padre no me quiere?». No lo sabemos, pero lo importante, como ya sabes, es no quedar atrapado en los «porqués» en bucle, como hacen los niños, sin ni siquiera escuchar las respuestas que tienes delante. En su lugar, intenta aceptar la realidad que hay ante ti y no puedes cambiar, responsabilízate de ella y decide qué hacer a partir de ahí.

MADRES Y PADRES TÓXICOS

En ocasiones, hay padres o madres que no aman a sus hijos. Puede que te parezca sorprendente, pero te aseguro que lo he visto en muchas ocasiones, y así es. Cuesta de asumir y de aceptar por parte del hijo que vive ese rechazo y esa falta de amor y de compasión, pero la realidad es la que es.

Hay otros casos en los que el padre o la madre maltrata al hijo. Puede que de pequeño lo maltraten a nivel físico y también psicológico, pero el maltrato físico cesa a medida que el hijo se hace adulto y el progenitor se va haciendo mayor. El que queda, a partir de ahí, es el psicológico, el más destructivo.

Padres que insultan, denigran, menosprecian y faltan al respeto, además de hacer a sus hijos chantaje emocional para crear un tipo de enganche que estos se sienten incapaces de cortar.

Es una realidad sin duda durísima, que cuesta gestionar. Cuesta porque, desde nuestra estructura mental, no podemos entender por qué un padre o una madre no quiere a su hijo o cómo puede tratarle mal y hacerle daño de esa forma tan despiadada. Y, una vez más, al no entenderlo, nos resulta muy difícil seguir adelante y dejar esa realidad a un lado.

A pesar de todo esto, de que parezca extraño, de que cueste de entender y de todo lo demás, esto ocurre y hay que hacerle frente. Vamos a ver algunos casos con los que me he encontrado.

EL CASO DE FAINA

Faina vino a verme porque la acababa de dejar una pareja con la que había estado durante unos meses y eso la había desestabilizado muchísimo. El chico ya estaba con otra persona y ella no era capaz de superarlo. Vino a pedirme ayuda por ese motivo, porque veía que su duelo se alargaba demasiado y la cosa no iba a mejor.

Tras hacer un trabajo para ir soltando esa relación que ya no existía en su presente y trabajar su autoestima, me di cuenta de que Faina tenía otros problemas a nivel emocional. Se desestabilizaba fácilmente, tenía cambios muy notables a nivel de energía y entusiasmo, y aunque era una persona sorprendentemente creativa, los trabajos no le duraban porque le costaba mucho gestionar el enfado y aquello con lo que ella no estaba de acuerdo. Según su discurso, la culpa la tenían siempre los demás, siempre le hacían algo, la decepcionaban en algo o se pasaban con algo. Ella nunca se sentía responsable de ninguno de los problemas que tenía en el trabajo. Según ella, nunca tenía nada que ver.

Pronto comprendí qué era lo que le ocurría a Faina. Me di cuenta de que era porque sufría un trastorno límite de la personalidad, y también pude ver por qué tenía ese trastorno.

Faina era hija única. Cuando tenía tres años, su madre murió a causa de una enfermedad terminal. A los pocos meses, su padre empezó una nueva relación con otra mujer que también era viuda y tenía dos hijas un poco mayores que ella. Eran gemelas y se llevaban tres años con ella.

Desde el momento en el que se creó esa nueva familia, empezó el verdadero infierno para Faina. Su padre la comparaba constantemente con sus hermanastras, que parecían ser perfectas para él, preciosas, listísimas, encantadoras, incluso alguna vez recuerda que verbalizó que se parecían más a él que su propia hija. Como es normal, Faina, ante eso, al principio trataba de hacer las cosas tan bien como era capaz, ser lo que su padre quería, esforzarse al máximo en ser complaciente, en ayudar, en estudiar..., pero al ver que, por mucho que se esforzara, jamás recibía ningún tipo de reconocimiento y nunca hacía suficiente para él, dejó de hacerlo y cambió de actitud. No es que se convirtiera en una déspota rebelde, ni mucho menos, pero dejó de esforzarse, a lo que su padre y su madrastra reaccionaron de la peor manera posible.

Me explicó que con ocho años, si mientras comían consideraban que no agarraba bien el tenedor, la castigaban quitándole la comida y obligándola a limpiar la vajilla de todos, y le prohibían comer nada hasta el día siguiente. Y si ella se acercaba a su padre llorando para conseguir su perdón y su compasión, este le daba un grito y la mandaba a la cocina de nuevo. Luego la encerraban allí sin poder salir mientras ellos se iban al cine o a pasar la tarde fuera. No podía ni siquiera ir al baño hasta que ellos regresaban.

Este es un pequeño ejemplo de algo que se repetía con frecuencia y del tipo de conductas y de tratos que ella recibía por parte de su padre. Si lloraba, su padre la encerraba en la habitación y sus hermanastras se reían de ella. Si no le gustaba algo del plato y lo vomitaba, en más de una ocasión se lo hicieron comer. En fin. Muy triste...

La cuestión es que Faina ya era adulta y sentía que no valía, que nadie la iba a querer nunca. Cada vez que experimentaba una ruptura amorosa, regresaba a su mente esa idea de que no era querible, de que no era valiosa y de que no tenía nada bueno que aportar a los demás. Se hundía en la más absoluta miseria y depresión. Era como si, debido a esas vivencias tan duras, cuando se sentía rechazada, la aplastara ese enorme alud de creencias y experiencias que tanto la marcaron porque tanto la hicieron sufrir. Y no solo eso, sino que a causa de todo ese sufrimiento, imposible de gestionar desde su mente sensible de niña, desarrolló un trastorno de personalidad.

Eso no significa que cualquier persona que haya vivido algo así vaya a tener un trastorno, pero sí que es cierto que muchas de las personas que lo padecen han vivido realidades de este tipo.

Faina tenía que tomar medicación para poder mantenerse estable a nivel psicoemocional, y aun así en ocasiones le costaba. Pero lo importante de este caso y en lo que quiero centrarme es en que dado que ella se sentía muy sola en el mundo (compartía piso con una amiga un tanto excéntrica y no quedaba con nadie más), cada vez que vivía un desengaño o que eran fechas señaladas para estar en familia, como la Navidad, ella iba a visitar a su padre. Le llamaba siempre ella, y, si hacían una comida, ella iba. Pero claro... lo que tenía que analizar era qué vivía allí.

Los comentarios de su padre, que, por cierto, no la llamaba jamás, eran del tipo: «¡Qué! ¿Ya te has quedado de nuevo sin trabajo?» «¿Qué has hecho ahora?» «No, si ya me sorprendía a mí que estuvieras trabajando en esa empresa... No entendía qué habían visto en ti.» «Por cierto, a tu hermana la acaban de hacer jefa de planta, ¿lo sabías? ¡Si es que no se puede estar más orgulloso de ti, Sonia!»

Mientras Faina hacía sesiones conmigo, se produjo una de esas comidas de Navidad. A los pocos días vino a verme destrozada. La frase era la de siempre: «¿Por qué tiene que tratarme así, Silvia?». Ante lo que yo le agarré la mano con cariño y le respondí: «Faina, porque tu padre no te quiere».

Al escuchar mis palabras, Faina se quedó petrificada. Me miraba con los ojos como platos, sin pestañear. Se mantuvo así unos segundos y entonces empezó a llorar desconsoladamente. Tuve el impulso de abrazarla fuerte, y con ese abrazo pude sentir la inmensa magnitud del dolor que esa realidad le producía. El dolor de todo lo que ella había sufrido en esa familia con tantas carencias y desprecios durante tantos años. El dolor por seguir buscando amor donde no lo hay ni lo habrá jamás.

«No te quieren, Faina. No te aman, no te han amado y no te amarán, por mucho que te empeñes en buscar ese amor en sus brazos. Si sigues visitándoles, seguirás recibiendo rechazo, desprecios y humillaciones. ¿Por qué no lo aceptas y dejas de exponerte de esa forma a una realidad que ya no necesitas comprobar más?

Faina necesitó unos días para procesar esa información que durante tantos años se había negado a aceptar. Era evidente, pero nos cuesta mucho asumir algo así, que un padre no nos ame. Sentir que no le importamos en absoluto. Que no se preocupa por nosotros. Que no nos llama nunca porque le da igual cómo estemos. Es muy duro, pero a veces es la realidad que nos ha tocado vivir. Sin elegirla. Y ante eso, igual que ante todas las situaciones de la vida que no dependen de nosotros y que no podemos manipular, hay que elegir la aceptación para poder seguir adelante.

Finalmente, Faina lo aceptó, y aunque no fue fácil para ella, ni fue cómodo tener que alejarse de su padre, lo hizo para lograr así continuar con su vida con menos drama y dolor.

EL CASO DE JUAN

También recuerdo siempre el caso de Juan. He visto casos como el suyo en numerosas ocasiones. Son realmente muy frecuentes.

Juan tenía una madre que le maltrató siempre. De pequeño le daba bofetadas sin medida y le insultaba de mala manera. Le verbalizaba todos los insultos que uno pueda imaginar. Y de adulto seguía tratándole exactamente igual. Ya no le pegaba, porque Juan la podía tumbar de un plumazo, pero aun así le tenía totalmente anulado y manipulado.

Juan vino a verme porque su pareja —le costaba mucho mantener una relación— le había puesto un ultimátum. Quería que vivieran juntos, pero a Juan le sabía mal dejar a su madre sola. Le costaba muchísimo dar el paso. Y eso que ya casi no dormía en casa de su madre, sino que casi siempre lo hacía con su pareja, pero tenía una dependencia increíble con su madre. Su padre había fallecido hacía veinte años de un ataque al corazón y eso aún le sirvió más a ella para hacerse la víctima y reforzar la codependencia que había construido con su hijo. Porque sí, el suyo era el caso típico de codependencia: ella le hacía sentir a él que le necesitaba, que no podía dejarla sola, que debía cuidarla. Por ello, cada vez que él se alejaba un poco o tenía la intención de dar un paso más hacia su propia vida, ella conseguía que él se sintiera tremendamente culpable. Y por eso su pareja le había dicho que no podía aguantar más esa situación de no poder dar un paso al frente en su relación.

Él no era consciente del maltrato. Sin embargo, me explicaba que cuando iba a verla para estar con ella y cuidarla (aunque ella no era una mujer dependiente en absoluto), ella le insultaba, le decía que era un inútil, que lo hacía todo mal, que esa mujer con la que iba le quería quitar todo y que solo pretendía alejarlo de su madre, que no servía ni serviría nunca para nada, que no entendía cómo había podido tener un hijo tan rematadamente tonto... A pesar de todo eso, si él no la llamaba o no la visitaba mínimo cuatro veces por semana, se sentía muy mal. Sentía una culpa que lo le dejaba vivir.

Y es que cuando nos manipulan de ese modo, acabamos teniendo la extraña necesidad de exponernos incluso a situaciones que nos dañan sobremanera. Parece algo masoca, pero no lo podemos evitar, a no ser que emprendamos el camino adecuado para empezar en otra dirección.

HERMANOS TÓXICOS

En ocasiones, los hermanos también pueden ser tóxicos... y mucho. Algunas veces es por haber recibido un trato distinto ya desde bien pequeños en el seno familiar o por haber vivido (debido a la diferencia de edad y las distintas realidades de cada momento) una experiencia muy diferente, y otras porque uno de ellos padece un trastorno de personalidad.

A priori, uno espera que un hermano le proteja, le defienda, le ayude, le cuide y se alegre honestamente de sus éxitos, victorias y proyectos. Uno espera que su hermano quiera lo mejor para él, que sufra con su dolor y que esté allí para hacer piña cuando sea necesario. Así es el valor de la familia que la mayoría de nosotros entendemos.

Pero es cierto que este valor no se ha cultivado así en todas las familias. Dependiendo de cómo sean los padres, los hermanos tendrán una relación más o menos estrecha, y dependiendo también de la personalidad de cada uno, ese vínculo será más fuerte o más vulnerable.

Aun así, y por mucho que la historia que hayamos vivido nos influya prácticamente en todo, debo decirte que en casi el cien por cien de los casos que he visto de pacientes con hermanos muy tóxicos se trata de personas con algún trastorno. Y es precisamente por eso, por no entender que no es que uno haya hecho algo mal, sino que se debe a una enfermedad a veces no diagnosticada, que quien lo vive se esfuerza de forma incansable para obtener el amor de ese hermano que nunca consigue. Se esfuerza por complacerle, por tener detalles y que este sea feliz, para que le quiera, para que vea que le quiere... pero, por lo general, son casos en los que se obtiene poco, más allá de los continuos desprecios, ninguneos e insultos.

He visto a personas rebajarse, denigrarse y perder la dignidad de un modo tan letal y humillante que, de no tomar conciencia de ello, pueden llegar a destruirse por completo. Es una forma de maltrato muy dañina, porque al ser producida por un hermano, alguien a quien consideramos un igual, que ha vivido una historia como la nuestra, en la misma familia y en las mismas circunstancias, damos por sentado que existen unos lazos afectivos indestructibles. Y cuando lo que recibimos es justo lo opuesto a lo esperado, nuestro cerebro no lo logra entender. No le encaja y, por lo tanto, no lo acepta. Trata de buscar explicaciones que no encuentra, trata de inventar justificaciones y acaba creyendo que algo malo ha tenido que hacer para que su propio hermano le trate así.

Si nos está ocurriendo esto, es muy importante ser capaces de verlo para evitar que una situación tan denigrante se alargue en el tiempo. Cuanto antes lo veamos, mucho mejor. Y sobre todo hay que recordar que de poco sirve conectar con la pena hacia ese hermano si nos quedamos anclados a esa emoción. Está bien que seamos seres compasivos y que nos despierte tristeza ver cómo sufre por sus propias limitaciones mentales. Pero también deberíamos conectar, de vez en cuando, con la pena hacia nosotros mismos, hacia nuestra propia persona, al observarnos desde fuera, con todo lo que hemos tolerado y permitido por su parte.

Eres inocente, no lo olvides. Y no necesito conocerte en persona ni saber más de tu historia para tener la certeza de que si has tenido un hermano así, no has hecho NADA que justifique ese trato hacia ti. Trata pues de comprender su trastorno y sus problemas a nivel mental, comprende que, por mucho que te esfuerces y te entregues, esa persona no cambiará, y deja de luchar en vano por una causa perdida que no tiene solución.

Céntrate en ti, en lo que te nutre, te aporta y te beneficia, y aléjate de todo aquel que te haga sufrir. Aunque sea tu propio hermano.

EL CASO DE NOELIA

La persona tóxica con la que Noelia tenía que lidiar en su familia era Sarai, su hermana. Noelia siempre había sido muy talentosa, muy guapa y con un futuro muy prometedor. No obstante, su hermana nunca la había amado. Sarai moría de celos y de envidia ante cada nuevo éxito de su hermana, ya en el colegio y el instituto. Destacaba en cualquier actividad que hacía, y Sarai cada vez la odiaba más. Y ese odio era más cada vez evidente.

Podríamos decir que la vida de Sarai giraba en torno a encontrar formas de hacer daño a Noelia. Sentía que su hermana se lo merecía, aunque probablemente ni siquiera era capaz de comprender por qué sentía algo así. Se acostó con su novio, logró que la echaran de un trabajo por acusarla de robo (evidentemente no era cierto; es más, fue ella misma quien cometió el hurto para que acusaran a Noelia), le arruinó varias vacaciones, consiguió que sus padres se pusieran en contra de ella y de todos sus sueños y que no la ayudaran en nada a nivel económico, y muchas cosas más de este estilo.

Lo más sorprendente es que, a pesar de todo esto, a pesar de que Sarai cada vez la hacía más gorda, Noelia siempre la defendía, siempre ayudaba a su hermana cuando la necesitaba, siempre le dejaba lo suyo, trataba de complacerla de todas las formas posibles para obtener su amor y su aprobación. Y, claro, cuanto más hacía, peor se sentía, porque no obtenía nada bueno, ni siquiera un mínimo de gratitud por su parte. Por muchos gestos de bondad y generosidad que Noelia tuviera con ella, solo obtenía más desprecio y más rechazo de vuelta.

Cuando esto ocurre, en el cerebro de quien es rechazado se crea como una obsesión por cambiar la situación. Es como que cuanto más te dañan, más empeño pones en que te quieran y en lograr obtener ese amor que, a decir verdad, jamás existió.

Sarai era, sin ninguna duda, una persona tóxica para Noelia. Estar en contacto con ella la destruía. Se pasaba noches y noches llorando desconsolada, preguntándose por qué su hermana no la quería, por qué se comportaba de ese modo con ella, por qué la trataba con tanto desprecio y tanta rabia.

Yo nunca conocí a Sarai, pero es posible que tuviera un trastorno de personalidad, ya que esa forma de actuar no es muy coherente. Una persona puede tener celos o envidia, pero cuando alguien actúa con esa maldad y de forma tan obsesiva con un familiar que se desvive por complacerle, es porque hay algo detrás que va más allá de su propio control.

HIJOS TÓXICOS

Esta también es una realidad con la que algunas personas tienen que lidiar: tener un hijo que te maltrata. Por lo general, se trata de casos en que se ha sobreprotegido a esos hijos y se les ha educado permitiendo que se vayan convirtiendo en unos tiranos, cediéndoles poco a poco el poder hasta el punto en el que el propio hijo se lo cree y maltrata a los padres desde ese pedestal de superioridad y narcisismo.

También sucede en casos en los que el hijo en cuestión tiene una adicción a las drogas o tiene una relación de pareja tóxica que le manipula y le aleja de sus progenitores.

En cualquiera de esos casos, los padres deben entender algo: el amor no se mendiga ni se puede forzar. Es muy duro, pero si el hijo no ve lo que está haciendo, o no siente el daño que está causando, o no le importa lo que ellos estén viviendo a causa de su forma de tratarles, hay poco o nada que hacer. Llega un momento en el que deben hacer un proceso de reflexión en el que analicen los hechos y tomen conciencia de que ellos han hecho lo que buenamente han podido y sabido dadas las circunstancias, y que ahora es el hijo quien decide si quiere seguir o no a su lado.

Si se trata de un caso de maltrato físico, deberían tomar medidas y denunciar, por mucho que les cueste, pues su propia vida está en juego. Está claro que son casos muy delicados, pero debemos ser capaces de poner límites si no queremos acabar hundidos en una depresión profunda.

Las personas que mantienen más el equilibrio mental y emocional ante las circunstancias adversas son aquellas que son capaces de dejar a un lado aquello que no pueden controlar y que no depende de ellos. Volvemos, una vez más, a la aceptación de aquello que la vida decide por y para nosotros, y ante lo que no podemos interferir.

Nadie dice que sea fácil, porque en ocasiones no lo es. Aun así, aprender a soltar aquello que nos daña es algo que, si tratamos de ponernos como objetivo, nos traerá más infinitas alegrías que penas.

¿Qué hacer si tenemos una persona tóxica en la familia?

Te he mostrado tres ejemplos de casos en los que tenemos que lidiar con una persona muy cercana y a su vez muy tóxica en nuestra familia.

En este caso está claro que, tal y como comentaba anteriormente, no podemos decidir pasar página y si te he visto no me acuerdo, haciendo contacto cero sin más. O sí, pero eso depende de cómo lo sienta y lo viva cada uno.

He visto a personas que, debido al nivel de maltrato recibido por parte de padres o hermanos, no sienten amor alguno hacia ellos y eso les facilita que puedan dejarlos atrás y cortar la relación con ellos. Su dolor es tan grande que ni siquiera los sienten familia. Ni siquiera sienten amor hacia ellos.

En estos casos, si lo que les pide el cuerpo es poner distancia, eso es lo mejor que pueden hacer. No han elegido tener esas personas en su entorno más cercano y son seres que, por mucho que ellos se desvivan para hacerlas felices, jamás lo apreciarán. Tiene que llegar un punto en el que el maltrato recibido por ellos choque con su propia dignidad y les haga gritar «¡basta!». Porque, sí, se trata de una cuestión de dignidad.

Pero la decisión de dejar atrás a esos miembros de la familia solo se puede dar si uno lo siente de verdad, en cuyo caso no producirá dolor ni culpa. Solo sentirán pena por no haber sido capaces de cambiarlos, de que se dieran cuenta de que así ellos también sufren y de que les iría mejor si pidieran ayuda para desprenderse de tanta rabia y tanto rencor.

Y dar ese paso, teniendo claro que es lo que quieren hacer, muy pronto les permitirá sentir un alivio dantesco, una liberación enorme, una descarga sin límites. Esas personas solo dañan, y no aportan nada en absoluto. Por eso, cuando logras dejarlas atrás, todo lo que te espera es positivo, nutritivo y alentador.

Si, en cambio, eres de esas personas que sienten que no quieren cortar de forma radical el contacto con ese miembro de la familia, es muy lícito, pero te recomiendo que cambies de inmediato tu actitud.

Si no quieres acabar dejando tu salud psicológica, emocional y física por el camino, te sugiero que tomes distancia cuanto antes. Eso no significa que tengas que dejar de hablar con ellos o que tengas que estar meses sin verlos. Las pautas deberás ponerlas tú, y lo mejor es que vayas probando cómo te sientes al ir dejando espacio.

Por ejemplo, si llamas cada día a tu madre y ves que al colgar te sientes más angustiado, prueba a hacerlo cada dos o tres días. Y si te lo reprocha, dile que lo sientes, pero que tienes que colgar. Cuando detectes que empieza con el maltrato, córtalo de raíz, sin permitir que te diga nada más. No permitas que te dañe. Dile que a partir de ahora irás a verla cuando puedas y asegúrate de que cuando vayas, te sientas preparado de verdad. Si tienes que ir y te encuentras sensible o inestable, no vayas ese día. Así, poco a poco, irás encontrando un punto de equilibrio en el que irás recuperando el control y percibirás con más claridad de dónde viene el maltrato y de qué forma. A menudo nos hemos acostumbrado a ello y lo hemos normalizado, por lo que a duras penas lo identificamos.

Si se trata de un hermano con el que no es necesario seguir vinculados, te recomiendo poner distancia casi absoluta.

Y si vives un caso como el de Faina, en el que claramente no te quieren, te aseguro que cuanto menos contacto tengas con ellos, mucho mejor. Aunque a veces te sientas solo, aunque pienses que si no los tienes a ellos, no tienes a nadie más... No te das cuenta de que a ellos tampoco los tienes ni les tuviste nunca. Cuando comprendas esto, empezarás a abrirte a crear nuevas relaciones mucho más sanas para ti.

Debemos desprendernos de lo tóxico, para así dejar en nosotros un espacio de grandísimo valor y empezar a llenarlo con todo lo que sí merecemos.

JEFES O COMPAÑEROS DE TRABAJO TÓXICOS

Como ya debes imaginar, también podemos encontrar personas tóxicas en el ámbito laboral. De hecho, el 90% de las personas afirman haber tenido que lidiar con alguien tóxico en alguno de sus trabajos (ya fuera un jefe o un compañero).

Nos guste o no, el trabajo es el lugar donde más tiempo de nuestra vida pasamos. No es de extrañar, pues, que si allí estamos bien, en un ambiente lleno de compañerismo, armonía e ilusión, la experiencia será radicalmente distinta que si nos sentimos rodeados de seres que no nos aceptan o cuyo único fin es arruinarnos la vida y hacer que las cosas nos vayan mal.

Normalmente, cuando hablamos de relaciones con personas tóxicas en el trabajo, estas se dan de arriba abajo o en paralelo. Es decir, de un jefe hacia un trabajador (o de un trabajador, aunque no sea el jefe, hacia otro que a nivel de organigrama esté por debajo), o de un trabajador a otro (de igual a igual, entre compañeros).

Hay trabajos en los que la gente ya lleva muchos años y cuando entra alguien nuevo, lo perciben como una amenaza. Y si es alguien más joven y con capacidades que sorprenden a los demás, aún peor. No importa si esa persona actúa desde la bondad y sin ninguna pretensión de quitar nada a nadie; no importa si pone todos sus esfuerzos en crear vínculos con los demás, en caer bien, en tratar de compartir sus ideas y acciones; no importa el nivel de empeño que le ponga... Si no le quieren aceptar, no le aceptarán.

EL CASO DE BIMBA

Tengo una buena amiga, Bimba, que trabaja como funcionaria en una oficina. Entró porque pasó las oposiciones correspondientes y quedó la primera de la lista. Tiene dos carreras y, además, desde que decidió opositar hasta que obtuvo su plaza, realmente pasó un tiempo récord.

Las que ya llevaban años en esa oficina se enteraron de ello. Lo sabían todo. Y como ellas ya solo pensaban en la jubilación, que aún veían bastante lejos, tenían la idea de que cuando entrara mi amiga, sería alguien mucho mejor que ellas, más preparada, más capacitada, con más ideas; alguien que querría hacer cambios y que tal vez pondría un poco de orden en una oficina en la que se trabajaba lo mínimo y el nivel de absentismo laboral rozaba límites bastante sorprendentes.

Pero ella no era así. Era pura bondad. Desde el principio trató de hacer todo lo posible por caerles bien, para que comprendieran que ella no era una amenaza para nadie, que aunque tuviera un cargo superior al de muchas, solo quería hacer su trabajo y ayudar en todo cuanto fuera posible.

Aun así, por mucho esfuerzo que le pusiera, nada. Organizaban cenas y comidas y no la avisaban. Si ella proponía algo, todas le salían con alguna negativa o incluso con algún comentario de desprecio hacia su propuesta. Por la mañana, si daba los buenos días al llegar, ni le respondían. Le cerraban la puerta en sus narices y hacían comentarios despectivos en voz alta sobre ella, sabiendo que ella las oía.

Ella trataba de ser paciente. Trataba de pensar que aquello solo era un trabajo, que eran las compañeras que le habían tocado, que solo tenía que ir, hacer su trabajo y luego volver a su casa y olvidarse de todo. Por suerte, tenía una familia muy bonita y en la que era muy feliz. Su marido y su hija eran su motivo de alegría e intentaba aferrarse a eso.

Pero cuando vives en un entorno laboral como ese, por mucho empeño que le pongas y por mucho que trates de cambiar el chip, de centrarte en lo tuyo y de no dar importancia a ciertas cosas, al final te acaba afectando a nivel emocional e incluso físico.

En el caso de Bimba, lo peor fue que pronto la hicieron subdirectora de la oficina. Durante ese primer año y medio, de lo único que estaba agradecida allí era de su jefa. Una mujer muy divertida, comprensiva, tolerante y paciente. O eso le parecía a ella. Esa era la imagen que daba, por lo menos al principio.

Pero justo después de que la nombraran subdirectora, esto cambió. Poco a poco fue mostrándole otra cara a Bimba. Algún comentario que parecía hecho sin ninguna maldad, pero que por la extrema sensibilidad de Bimba iba calando en su corazón.

«Ay, Bimba, esto lo has hecho mal. ¿No lo entiendes? Pareces tontita, ¿ehh?» (y lo mezclaba con una sonrisita que Bimba no sabía cómo interpretar).

«¿Otra vez mal? Mira que te he dicho que esto no lo quiero así» (tratándose de algo que antes jamás le había comentado).

«No les hagas caso, ya sabes cómo son... Aunque, bueno, a veces no me extraña que se comporten así contigo.»

«Pareces subnormal, Bimba, por favor...»

Luego, por otro lado, Bimba tuvo algunos problemas de salud y su jefa se mostró muy comprensiva. Le dijo que se tomara los días que necesitara, que estuviera tranquila con el trabajo, que ella la cubriría. Se mostraba preocupada por Bimba y estaba muy pendiente de cómo evolucionaba su estado.

Ya sabes que esa «una de cal y otra de arena» es uno de los peores tipos de maltrato que existen.

Evidentemente, su directora tenía un trastorno de personalidad, pero, claro, por mucho que lo sepas, lidiar con ello no es nada fácil, ni mucho menos placentero.

Al final, Bimba tuvo que pedir una baja médica porque se dio cuenta de que llegaba a su casa y ni siquiera desconectaba de su pesadilla laboral. Lloraba todo el tiempo y acabó por creer que todos los desprecios y las salvajadas que esa mujer le soltaba (maquillados siempre entre risas enfermizas) eran ciertos. Acabó por creer que no servía, que era una inútil y que si había llegado allí con tan buenos resultados, tal vez había sido por una cuestión de suerte, pero que, a decir verdad, no lo merecía.

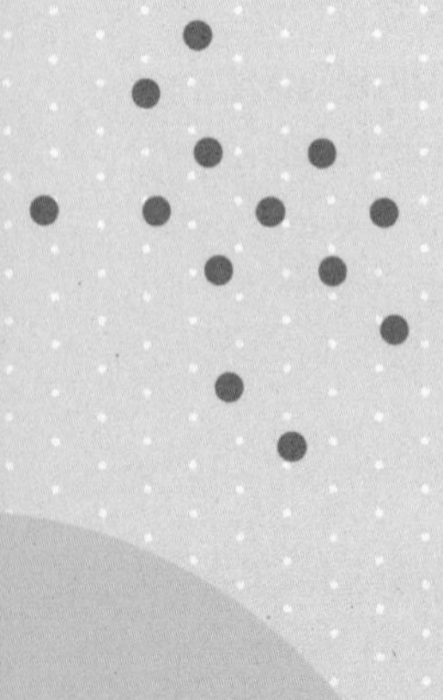

¿Qué hacer con jefes o compañeros de trabajo tóxicos?

En un caso como el de Bimba, como siempre, hay que buscar la forma de cambiar el escenario. En ese entorno, yo creo que lo mejor es tratar de hablar con un superior que esté por encima de la directora de esa oficina. Alguien que despierte un mínimo de confianza y con quien se sienta que se puede hablar de forma sincera y honesta sobre todo ese calvario que ha estado viviendo. Y si eso no es viable o no se considera una buena opción, también se puede pedir plaza en otra oficina.

Está claro que lo primero que uno piensa es en que tendrá que hacer un cambio: de población, de compañeros, de oficina; a lo mejor también la pareja tendrá que trasladarse, en fin. Es mucha movida. Pero si comparamos el jaleo que eso requiere con lo que se obtendrá una vez que estemos reorganizados, tal vez consideraremos que vale la pena ponerse a ello.

Lo que está muy claro y deberíamos asumir desde ahora mismo es que ni un jefe o jefa como la que tenía Bimba (claramente dañada a nivel psicológico), ni unas compañeras como las suyas van a cambiar por mucho que uno se esfuerce.

Una cosa es entrar a trabajar en un sitio en el que, por sus inseguridades, hay algún trabajador al que no le caes bien o te mira con un poco de recelo. Pero si es una persona sana a nivel psicológico y emocional, una vez asumida su falta de autoestima, podrás hablar con ella, explicarte cómo te sientes y lo que quieres de verdad, y esa persona poco a poco se irá abriendo y te irá aceptando. Eso es lo que acostumbra a suceder y es lo que nosotros inconscientemente esperamos que ocurra.

Pero debemos tener la capacidad de identificar en qué casos no será así nunca para que tratemos de tomar lo antes posible una decisión sobre qué vamos a hacer y cómo vamos a proceder. Cuanto menos tiempo pasemos bajo esa presión tan desagradable y destructiva, mucho mejor. Cuanto más permitamos que eso nos destruya, más esfuerzo tendremos que dedicar a recomponernos.

EL CASO DE JULIÁN

Julián era un chico soltero, de unos cuarenta y seis años. Vivía con su madre. Entró a trabajar en una gestoría muy importante. Él había trabajado siempre en otra de la competencia que cerró porque los jefes se jubilaron y nadie siguió con el negocio.

Tenía mucha experiencia, llevaba desde los veintitrés trabajando en el sector. Era de esas personas tan autoexigentes que no se permiten un fallo, que quieren que todo les quede perfecto y que los demás estén contentos de sus resultados. Además, debido a un problema de autoestima que tenía pendiente trabajarse, nunca decía que no.

Y, claro, eso, depende de en qué entornos, puede convertirse en algo muy muy peligroso. En cuanto lo detectan según qué compañeros de trabajo o según qué jefe, puede que lo utilicen para aprovecharse de una manera muy injusta.

A Julián le pasó exactamente esto. Vino a verme porque necesitaba aprender a poner límites. Sentía que se aprovechaban de él de una forma muy descarada, pero, aun así, era incapaz de decir que no.

Cada día era el que salía más tarde de la oficina, y se daba cuenta de que su montoncito de «trabajos pendientes» jamás descendía. Por mucho que hiciera, siempre tenía más de lo que podía resolver. Sus compañeros le pedían cosas a modo de «favores» que parecían pequeñas gestiones, pero que le acababan llevando mucho tiempo.

Algunas personas, por una cuestión de valores, jamás se atreverían a hacer algo así con otro. Jamás. Pero otras, en cambio, no tenían ningún problema en proceder de aquel modo. Incluso parecía que les divertía.

Un día le pregunté a Julián si lo había hablado con su jefe, si le había comentado que cada día tenía que trabajar por lo menos una hora y media fuera de lo que era su jornada laboral, para así poder dejar listo lo que más urgía (incluido lo que le habían pedido los demás como favor). Me explicó que sí y que este le dijo que era consciente de que necesitaban más personal, de que iban un poco desbordados, y que estaban en ello. Que primero tenían que acabar de resolver una serie de problemas económicos y que, en cuanto lo tuvieran organizado, se pondrían de inmediato a buscarle a alguien para que le ayudara a quitarse trabajo de encima.

Y ya. Esa fue la solución. No hacer nada. Decir eso es como no hacer el más mínimo caso al problema que Julián tenía.

Y cuando esto ocurre, cuando ves que nadie te ayuda, tienes tres opciones:

1. Creer lo que te dicen y esperar a que ese día prometido llegue de verdad.
2. Comprender que la situación no tiene pinta de mejorar (por lo menos, no a corto plazo) y plantearte si realmente estás a gusto trabajando allí o, en caso de no ser así, empezar a buscar otra empresa.
3. Si no lo has hecho ya, pedir ayuda psicológica para que te den herramientas y pruebes qué ocurre si empiezas a decir «no».

De hecho, esto último es lo que hicimos con Julián. Analizamos y trabajamos esos miedos que sentía cuando alguien le pedía algo que no le correspondía a él. Vimos de dónde venían (de sus ganas de complacer para obtener el reconocimiento de su madre, que, por cierto, por mucho que se esforzara nunca conseguía). Se dio cuenta también de que su madre le había castigado mucho de pequeño, por lo que Julián asociaba el hecho de no ser bueno, es decir, no hacer lo que los demás esperan o quieren de ti, con sufrir, con que te castiguen, no te hablen o te hagan daño.

De ahí esa extrema dificultad para decir que no. Y sé que igual estás pensando que por qué le va a afectar lo que le hacía su madre a lo que le ocurre hoy en día en la gestoría en la que trabaja. Pero, sin duda, le afectaba. Esas cosas nos pasan a todos. Quedamos programados de forma inconsciente. Con cada aprendizaje (sobre todo los realizados en edades tempranas y en el ámbito familiar), nuestro cerebro llega a unas conclusiones en las que se basará a partir de ahí, para tratar de protegernos. Si detecta que actuar de un modo concreto nos puede llevar a pasarlo mal o correr peligro con alguien, interiorizará que hay que actuar de un modo distinto. Lo interiorizará y lo automatizará. Así, en un futuro, eso ya será una reacción que ni siquiera tendremos que pensar.

Pero claro, si se trata de una conclusión o un patrón de conducta automático que no es funcional para nosotros (por mucho que nuestro cerebro en algún momento del pasado haya creído que sí), es importante identificarlo, analizarlo, reflexionar sobre él y, si hace falta, cambiarlo.

EL CASO DE CYNTHIA

Aunque inicialmente no lo tenía previsto, en este apartado relativo a las personas tóxicas en el trabajo quiero hablarte del caso de Cynthia, porque se trata de una situación muy frecuente y sobre la que recibo numerosas consultas a través de las redes sociales y en los eventos que realizo.

Cynthia tuvo un problema de dependencia emocional con un compañero de trabajo. Se enamoró perdidamente de él y viceversa. Él estaba casado, pero tenía claro que su relación no iba a ninguna parte, que estaba totalmente muerta y que solo seguía allí por sus hijas. Con quien de verdad quería estar (así lo confesaba día sí, día también) era con Cynthia.

No voy a entrar en los detalles de este tipo de relaciones, porque ya los explico en mis libros *Cuando amar demasiado es depender* o *Si duele, no es amor*, pero la cuestión es que pasaron los meses, y cuando ya llevaban un año y medio de relación a escondidas, Cynthia empezó a pensar que tal vez él no dejaría a su mujer. Que no era capaz de dar ese paso. Que siempre tenía alguna excusa para postergarlo. Tenían que seguir viéndose a escondidas y ella solo se alimentaba de lo que él le prometía que algún día vivirían, pero eso no llegaba a hacerse realidad nunca. Y estar más de un año esperando, a cambio de nada, ya no le compensaba.

Un día leyó un post mío en Instagram y decidió que necesitaba ayuda para resolver eso. Se sentía atrapada allí y no podía liberarse.

Lo primero que tuvo que comprender Cynthia era que no podía cortar esa historia si le seguía viendo cada día en el edificio. Él no aceptaba que ella quisiera cortar la relación. Claro, él era quien más perdía. Había estado intentando mantener su vida privada sin tocar nada, mintiendo a su mujer para no romper la estructura familiar que había construido y así no crear alboroto ni dramas, y por otro lado tenía a Cynthia, que le aportaba novedad, ilusión, fantasías y esperanzas de un futuro mejor... Cynthia, en cambio, no obtenía nada más que excusas, promesas y sueños que no se hacían realidad.

Como él no aceptaba el final de su relación, aparecía cada mañana por su despacho como un alma en pena, desaliñado y triste. A ella, claro está, eso la conmovía, y al principio incluso tuvieron algún desliz en el que parecía que retomaban su historia, pero en pocos días veía que todo iba hacia el mismo punto que ella ya conocía y no quería. Y lo volvía a dejar.

Con nuestras sesiones, Cynthia comprendió que, si no se alejaba de él, le costaría muchísimo pasar página. Trabajamos para que dejara de verlo como la víctima de esa situación, para que dejara de darle pena y empezara a verle como lo que era: un cobarde que no tenía las agallas suficientes para enfrentarse a un cambio en su vida. Que prefería mentirle a su mujer antes que ser sincero. Que prefería fingir antes que ser verdadero. Y así Cynthia se dio cuenta de que a ella tampoco le gustaba alguien así. Se dio cuenta de que seguía persiguiendo la imagen de él que se había construido cuando se enamoraron, pero que con el tiempo y la experiencia, él le había demostrado con creces que no encajaba en absoluto con esa imagen. Es más, que no tenía nada que ver con ella.

Y cuando uno toma conciencia de esa realidad, puede empezar a desprenderse de la otra persona, a alejarse sin caer en el papel de víctima ni en la desolación. A tomar distancia con firmeza y seguridad.

Cynthia siguió todos los pasos que marcamos y a las pocas semanas me explicó que había conseguido que la cambiaran de departamento, con lo que pudo distanciarse aún más de esa historia y la superó en muy poco tiempo. Me explicaba que, tras conseguir salir del todo de ella, al pensar en él y verlo por allí, no daba crédito a cómo podía haber estado tan enganchada a alguien así porque se daba cuenta de que ni siquiera le gustaba. Y eso era la señal más clara de que había superado por completo su dependencia emocional.

Es muy importante que cuando vivimos algo así, cuando tenemos una relación de pareja con alguien de nuestro trabajo, tanto si es nuestro jefe (he tenido muchos pacientes en esta situación) como si es un compañero de la misma empresa, hay que hacer un cambio.

La primera respuesta que obtengo siempre ante esta idea (y no tengo ninguna duda de que si tú lo estás viviendo, es justo lo que estarás pensando) es: «Sí, claro, ahora voy a dejar el trabajo, como si fuera tan fácil», o bien «Uyy, ¡imposible! No puedo cambiar de trabajo/departamento».

Mejor cámbialo por un llano y simple: «No quiero», y así ya habremos acabado. Porque si realmente lo estás pasando mal, te aseguro que querrás hacer **lo que haga falta** y esté en tu mano para conseguir salir de allí. Tanto si te gusta más como si te gusta menos. Lo harás. Pero solo si tu principal objetivo es superar esa situación. Si no quieres o no estás dispuesto a hacer lo que haga falta, es porque aún no quieres cortar esa historia, porque aún te autoengañas con la esperanza absurda de que aquello algún día te satisfará de verdad, y sigues sin asumir ni aceptar que lo que estás viendo en la forma de actuar y comportarse de la otra persona no te gusta.

Te aseguro que todos estamos preparados para hacer un cambio en nuestra vida y que si lo deseas de verdad, siempre te compensará.

MI DESPEDIDA

Ahora sí, ya hemos llegado al final. Siempre se me hace extraño cuando tengo que escribir las últimas palabras de un libro. Es como cuando se acaba cualquier etapa de tu vida en la que has disfrutado mucho, que te ha hecho aprender, reflexionar y crecer, y debes soltarla porque las cosas siguen y hay que fluir.

No me gustan las despedidas. Pero voy a mentalizarme de que esto no lo es. Se trata de un libro más entre los muchos que espero seguir escribiendo. Y es que a través de mis libros siento que tengo una vía directa para comunicarme contigo, para hablarte, para expresarte lo que creo que puede ser importante para ti, para tu bienestar, para que sufras un poquito menos y seas más feliz. Para evitar que te dañen y, en este caso, para que elijas cuidadosamente rodearte solo de aquellos que te empujen a volar bien alto y que se sientan orgullosos de tu inmensa luz.

Ahora toca dejar bien lejos a quienes tienen problemas de autoestima, a quienes nos tengan envidia o nos juzguen gratuitamente y rompan nuestras alas sin más. Si están dañados, es su historia y es su responsabilidad pedir ayuda para curarse. No la tuya. Aunque te creas o sientas que eres la salvación de los heridos, te aseguro que no lo eres, y tú te necesitas mucho más que aquellos a los que quieres salvar.

No olvides que tu tiempo aquí es limitado. Que un día mirarás atrás y dirás: «¿Qué pasó? ¿Cómo he llegado hasta aquí? ¿Cómo he pasado tanto tiempo así?», pero te darás cuenta de que ya no hay billete de vuelta.

Empieza hoy a poner orden en tu vida, a apartar de ella todo lo que no sea bueno, sano y placentero, y apuesta por construir el mundo que realmente quieres para ti.

NOTAS